U0940200

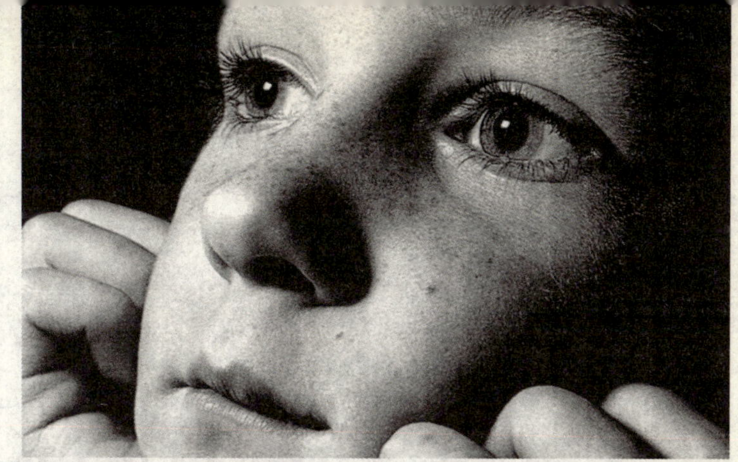

解开创新思维的奥秘

聪明孩子想什么？

CONGMINGHAIZI XIANG SHENME

主编／张健鹏　胡足青

学苑出版社

为了孩子，我们能不能读一本书？

教育改变着家庭和世界的未来

让我们先来看一个真实的故事：

弗莱明是一个穷苦的苏格兰农夫。有一天，当他在田里工作时，听到附近泥沼里有人发出求助的哭声，于是他放下农具，跑到泥沼边，发现一个小孩掉到了里面，于是弗莱明把这个小孩从死亡边缘救出来。

隔天，有一辆崭新的马车停在农夫家，走出来一位优雅的绅士。他自我介绍是那被救小孩的父亲。绅士说："我要报答你，你救了我小孩的生命。"农夫说："我不能因救你的小孩而接受报酬。"

就在那时，农夫的儿子从茅屋的门走进来，绅士问："那是你的儿子吗？"农夫很骄傲地回答说："是。"绅士说："我们来定个协议，让我带走他，并让他接受良好的教育。假如这小孩像他父亲一样，他将来一定会成为一位令你骄傲的人。"

农夫答应了。后来农夫的小孩从圣玛利亚医学院毕业，并成为举世闻名的弗莱明·亚历山大爵士，也就是盘尼西林的发明者。他在1944年受封骑士爵位，且得到诺贝尔奖。

数年后，绅士的儿子染上肺炎，谁救活他呢？盘尼西林。那绅士是谁呢？上议院议员丘吉尔。他的儿子是谁？是英国政治家丘吉尔爵士。

对于一个国家和民族来讲，教育是头等大事，对于一个家庭和孩子来讲，教育也是头等大事。因为教育是最有效的投资，它可以改变世界，改变未来。如上述故事中的弗莱明，如果没有接受良好的教育，他极有可能仍旧成长为一个农夫，尽管他也许会成为一个优秀的农夫，但世界终归因缺少一位伟大的科学家而遗憾。

经济学家、社会学家们曾指出：欠发达国家要想发展，最有效的办法就是兴办教育；要想帮助落后地区和贫困家庭，最直接的方式就是教育帮助。教育是消灭贫富差距、发达与落后鸿沟的最有效手段。

大道理不用多讲,每一位父母心中都应该清楚:教育对自己家庭,对孩子的未来意味着什么。

教育的主战场是家庭

我们仍然来看一个故事。

拿破仑有一次在同贡庞夫人交谈时问道:“传统的教育体制似乎一无是处,为了使人们受到良好的教育,我们缺少的是什么呢?”

“母亲。”贡庞夫人回答说。

这个回答深深地打动了皇帝。“不错!”他说,“在这一个词里包含着一种教育体制。那么请您费心,务必要培养出知道怎样去教育自己孩子的母亲。”

母亲的品质决定着孩子的未来。一个家庭,哪怕穷得家徒四壁,只要有一个善良、节俭、乐观和整洁的女人在料理,这样的家庭仍是心灵的圣殿与快乐力量的源泉。母亲为社会贡献的最主要的产品就是你的孩子,除了自发的爱以外,母亲必须学习教育的艺术,否则,任何教育改革都将是徒然。

当然,我们今天虽不能像拿破仑那样说“传统教育体制一无是处”,但必须清醒地认识到以下几点:

1. 学校是教育孩子学习知识的地方,而孩子要成长为一个健康合格的人材,需要大量的生活磨炼,社会锻炼,也就是说只有在生活、社会大课堂中,人的性格、品质等多种综合因素才能得到很好的发展。

2. 学校的教育模式是流水线作业。一个老师面对数十个孩子,不可能面面俱到。观察孩子的个性差异,引导孩子个性的发展仍是父母责无旁贷的任务。

3. 现行教育体制与师资力量远非完善,应试教育的弊端已经越来越不适应现代化人才培养的需要。我们无法等待、无法袖手旁观,只能用自己的行动去弥补学校教育的不足之处,更不能认为只要把孩子送到学校就万事大吉了。

每个孩子都是天才,每个父母都能成为优秀的教育艺术家

同样,我们再来看一则故事。

一个人一生中最早受到的教育来自家庭，来自母亲对孩子的早期教育。美国一位著名心理学家为了研究母亲对人一生的影响，在全美选出50位成功人士，他们都在各自的行业中获得了卓越的成就，同时又选出50位有犯罪记录的人，分别写信给他们，请他们谈谈母亲对他们的影响。有两封回信给他的印象最深。一封来自白宫的一位著名人士，一封来自监狱的一位服刑犯人。他们谈的都是同一件事：小时候母亲给他们分苹果。

那位来自监狱的犯人在信中这样写道：小时候，有一天妈妈拿来几个苹果，红红绿绿，大小不同。我一眼就看见中间的一个又红又大，十分喜欢，非常想要。这时，妈妈把苹果放在桌上，问我和弟弟：你们想要哪个？我刚想说想要最大最红的一个，这时弟弟抢先说出我想说的话。妈妈听了，瞪了他一眼，责备他说：好孩子要学会把好东西让给别人，不能总想着自己。

于是，我灵机一动，改口说："妈妈，我想要那个最小的，最大的留给弟弟吧。"

妈妈听了，非常高兴，在我的脸上亲了一下，并把那个又红又大的苹果奖励给我。我得到了我想要的东西，从此，我学会了说谎。以后，我又学会了打架、偷、抢，为了得到想要得到的东西，我不择手段。直到现在，我被送进监狱。

那位来自白宫的著名人士是这样写的：小时候，有一天妈妈拿来几个苹果，红红绿绿，大小不同。我和弟弟们都争着要大的，妈妈把那个最大最红的苹果举在手中，对我们说："这个苹果最大最红最好吃，谁都想要得到它。现在，让我们来做个竞赛，我把门前的草坪分成三块，你们三人一人一块，负责修剪好，谁干得最快最好，谁就有权得到它！"

我们三人比赛除草，结果，我赢得了那个最大的苹果。

我非常感谢母亲，她让我明白一个最简单也最重要的道理：要想得到最好的，就必须努力争第一。她一直都是这样教育我们，也是这样做的。在我们家里，你想要什么好东西要通过比赛来赢得，这很公平，你想要什么、想要多少，就必须为此付出多少努力和代价！

推动摇篮的手，就是推动世界的手。母亲是孩子的第一任教师，你可以教他说第一句谎言，也可以教他做一个诚实的永远努力争第一的人。

父母对孩子教育的认识，主要误区有下列几种：1.我们的孩子很好，不需要我们太多的投入；2.我们的孩子很差，再怎么投入也没用或者已经太晚了；3.教育孩子哪有那么多讲究，我们父母就从来没管过我们，我们不也长大了吗？4.我们太忙，又没什么文化，能学好教育管好孩子吗?5.我们不行了，做好经济后勤工作，送孩子上好学校，给孩子请家教总可以了吧?……

人的潜力是巨大的，从某种意义上讲，每个孩子都是天才。在正确的教育引导下，孩子的潜能逐渐开发出来，健康成长，也极有可能成为为社会做出巨大贡献的伟大人物。相反，如果不能给予孩子一个良好的成长环境，孩子又经常受到错误教育的伤害，那么他们也许会走上另外的道路，甚至给社会带来危害。

教育是一门综合艺术，虽然同教育者的知识水平、素质技巧有很大的关系，但归根结底，它是一门爱心的艺术。所有爱孩子的父母都具备成为教育艺术家的前提条件。我们现实生活中有大量的事例可以证明这一点，有许多文化水平很低甚至大字不识的父母，为国家培养出了栋梁之才。究其教子有方的原因，他们多是以善良正直的本质、朴实随和的性格，在逆境中勤劳向上、不屈不挠的毅力和精神，用自己的一举一动感染着孩子，为孩子做出一个人生的榜样，引导着孩子积极向上，成就大器。

同时，我们可以看到，有些文化水平和社会地位很高的父母，由于各种原因，却很难称得上是懂教育、合格称职的父母，听着他们哀叹家门不幸的时候，我们在同情之余，也不仅要问：早干吗去了?

为了孩子，我们可以做一切。那么为什么不能看一本书呢?

出版本套丛书是我们很早就有的想法，只是想为父母们提供一些切实可行的帮助。经过长时间的努力，终于将这套丛书呈现在大家面前。

作者们根据自己的实践工作经验和教育心得，借鉴国内外典范事例和先进理论，深入浅出，对日常生活中父母们经常发生的认识上的误区、方法上的错误以及种种疑难困惑做了细致的探讨与分析，并提供一些具体的建议供父母视实际情况参考使用。

愿父母们与孩子们共同进步!

编　者

目 录

第四辑　走出思维的死角

第五辑　谁是世界上失败最多的人

第六辑　处处留心皆创意

第一辑

倒过来看世界

站在21世纪的潮头，回味科学家的创造故事，耳边似有音乐从天际飞来，我们该从中寻找哪些智慧呢？

㊎创新提示★★★★★

音乐的魔力

漫步街头，只要你稍一留神，可能就会发现几个一边疾走、一边戴着耳机听音乐的人。对此，我们惯常的解释：那是少数人的爱好，或者说是一种时尚。

海尔集团的老总张瑞敏并不是怎么热爱音乐的人，但他有这样一个习惯：在遇到难题或者心情不畅的时候，打开CD让音乐响起，在优美的旋律中，寻找成功彼岸的路标。

难道说音乐的功能仅仅在于娱乐或调节人的心情吗？

现代科学通过大量的调查分析，终于发现连接音乐与创造的那条神秘通道：音乐需要浪漫，创造需要自由与舒缓，在浪漫与自由之间存在一个共振点，于是创意伴音乐齐飞，超越与收获同至。

20世纪是物理学突飞猛进的黄金时代。对成就卓著的物理学家做一个扫描，就会发现他们80%以上是音乐爱好者，他们所从事的科学活动与音乐有着千丝万缕的联系。

开普勒是集天文学家、星相和音乐爱好者于一身的科学家。他还未正式登上科学殿堂之前，写过一本《宇宙的奥秘》的书，古希腊的

"宇宙和谐"是这本书的基本思想，其思想来源于托勒密有关"谐音"的论述。开普勒从讨论音乐的谐音着手，给出一组悦耳的乐音振动弦的长度比例，再使特定"谐音"比例与某个正多面体的相关联，进而得出了一个球体与多面体相嵌入的宇宙模型。这个模型的科学价值虽然不大，但却展示了开普勒的想像能力，由此受到当时的大天文学家弟谷的重视，开始了他研究行星运动规律的科学生涯。

弟谷逝世之后，开普勒着手整理弟谷积累了40年的天文观察资料，发现了行星运动第一、第二定律。之后他以更大的热情探寻宇宙和谐，他从一首古老的"和谐序曲"的音乐受到启发，通过深刻的数学分析，终于在1619年完了他的《宇宙和谐论》。在该书的最后一章中，他说明了谐音原则可以在太阳坐标系中将行星近日点和远日点的角速度表示出来，从而得到了行星运动第三定律。他甚至还将第三定律用一首"行星协奏曲"谱写出来。

牛顿在剑桥大学"三一"学院读书时就开始学习音乐理论。后来到乡下躲瘟疫时，他开始将音乐知识应用到对光和颜色的研究。

牛顿曾将自己用三棱分得的太阳光谱定义为五种颜色：红、黄、绿、蓝、紫，但对这样定义的光谱不太满意，因为两端的光谱带的间隔比中间的大1/3。于是他在红色之间又定义了橙色；在蓝色和紫色之间定义了靛色，这样一来光谱就"更美、更匀称"，比原来的五种颜色"更具有纯洁的对称性"。

本来，在黄色与绿色之间以及绿色与蓝色之间还可以定义两种颜色，但牛顿没有这样做，因为他把光谱和乐音进行了类比，认为乐音有七个音符，光谱也只就应有七种颜色。他说："在把颜色散开来之后，我发现每种颜色正好出现在它相应的位置上，匀称地排列成一串，仿佛构成了声乐中的一个个音符。"

1675年，牛顿向英国皇家学会提交了一篇论文，提出了把颜色与音乐联系起来的学说：光刺激眼睛激起振动，振动沿光神经传入感觉中枢，这与喇叭的声音类似。正如声音的和谐与否取决于空气的振动特性，颜色和谐与否取决于光的振动特性。颜色可以比较出它们的阶：红、橙、黄、绿、蓝、靛、紫，这与七度音阶的逐次升调有相同的基础。这样，太阳的七色光谱自牛顿定义以来一直沿用到今天。

爱因斯坦为什么能够创造相对论?从某种程度说与他终生热爱音乐是分不开的。

爱因斯坦的妈妈能弹会唱，她喜欢的音乐家是贝多芬，并以极大的热情演奏他的奏鸣曲。由于受母亲的影响，爱因斯坦从小就受音乐的熏陶，他尤其喜欢演奏小提琴，以后音乐伴随他走过一生。一位曾指导过爱因斯坦的音乐家说，爱因斯坦演奏的技巧不是很精湛，然而却有干净、自信和内在表达力强的特点。爱因斯坦的一位中学同学是这样描述他的:“当爱因斯坦的小提琴响起来的时候，我觉得大厅的四壁向外扩展了，真正的莫扎特在希腊式的美的光环中第一次出现在我面前，他具有时而明快、时而轻盈戏谑、时而雄浑庄严的线条。”

爱因斯坦在研究现代物理学的过程中，非逻辑的科研方法发挥了其他方法无法替代的作用，而这种方法的形成又与他热爱音乐有密切的关系。因为，音乐不但对科学研究有直接的“诱发”作用和承担起美学标准的作用，而且还能丰富科学家思想中的浪漫主义成分——即科学研究中的非逻辑思维方法。

爱因斯坦的相对论就是一种非凡的想像力的体现，试想，如果没有天马行空的想像，那神奇的“追光实验”和“升降机试验”能构想出来吗?那让人难以接受的“狭义相对论”和跑得更远的“广义相对论”又能创立起来吗?

而这种超凡的想像力有相当部分得益于音乐的熏陶。有专家评论说，莫扎特的音乐不仅是美的，也不仅是轻快的，它具有某种超脱时间、地点和环境的惊人的独立性和想像力，这似乎是为爱因斯坦创作的音乐。

从思维科学的角度来看,“倒过来”看世界实际上是一种科学的思维方法——逆向思维法在生活中的应用。

㊓㊔㊕㊖★★★★★

倒过来看世界

一天，邻居的小男孩突然兴奋地跑过来喊我:“叔叔，你猜我看到了什么?”我大惑不解。小男孩不等我回答，便拽着我跑向室外，然后利索地一个倒立。我明白了，孩子从倒立中发现了一个新的世界。这个游戏，童稚之年时我也做过。小男孩把我的思绪带回了童年，也使我随手写下了上面这个题目。

其实,“倒过来”看世界之类的尝试，并不是只有孩子在做，这种尝试在生活中的每一天都在发生。一个去东北林场的朋友，出差回来给我讲了这样一件事：伐木场要运走一根长长的圆木,“工头”喊来12名工人，结合成6组，用木杠套着绳子准备起杠。“工头”号令一下，排在圆木两侧的工人都弯下了腰，好像用足了劲，但圆木一动不动。“工头”生气了，一挥手说:“下去两个!”再发号令，圆木只是晃了晃，还是没有被抬起来,“工头”见此情景大吼一声:“再下去两个!”说也怪，12人减为8个后，圆木被奇迹般地抬起来了。

抬不动圆木，惯用的方法是增人，而不是减人。“工头”的“倒过来”确实让人眼界大开。这类用“倒过来”的方法解决现实问题的例子我也亲眼见过。那是在一个上坡处，一辆载货的拖拉机突然熄了

火。怎么起动?我心里为司机犯愁。开车的老司机却面无难色，只见他从容地挂上倒档，然后顺利地把拖拉机发动了起来。

从思维科学的角度来看,“倒过来”看世界实际上是一种科学的思维方法——逆向思维法在生活中的应用。所谓“逆向思维法”，就是为了实现某个目标，以背逆常规现象或常规解决问题的方法为前提，通过逆向思考来实现发明和发现的方法。它在科学研究上被广泛的应用。一般说来，运用逆向思维去进行发现或发明，主要有三个途径:

第一是从已有事物的相反功能去设想新的技术、发明或寻找解决问题的新途径。有位德国工人在生产一批纸时，因不小心弄错了配方，出了大量不能书写的废纸，而被扣罚工资。正当他灰心丧气之时，一位工友建议他将问题倒着想，看能否从错误中找出有用的东西来。结果，他发现这种废纸的吸水性能相当好，可以用来吸干家庭器具上的水。于是，他廉价买下这批纸，切成小块，取名“吸水纸”，想不到成了市场上的抢手货。由于这个错误的配方只有他一个人知道，他靠着这项“吸水纸”专利发了大财。

第二是通过倒转已有事物的因果关系来引发新的创造设想和解决问题的思路。被誉为日本十大发明家之一的田熊常去改进锅炉吸热方法就是一例。过去的锅炉热效率不高，田熊常想办法改进。开始很长时间，他总是沿着前人的思路考虑问题，即在如何加热锅炉提高热效率上下功夫，结果毫无进展。后来，他来个“倒过来”，从“锅炉吸热”这一相反角度找到了热水上升、冷水下降，水流与蒸气循环的办法，使锅炉的热效率明显提高。

第三是从已有事物的相反结构形式去设想新的技术。这方面较为著名的一个例子是圆珠笔漏油问题的解决。圆珠笔被发明出来之后，漏油问题却难以解决。原因很简单，笔珠由于磨损而蹦出，油墨就随之漏出。起初人们首先想到的是要增加笔珠的耐磨性，研究人员曾经用宝石作笔珠，但这样做又出现了问题，由于笔芯头部内侧与笔珠接触的部分被磨损，仍然会使笔珠蹦出，漏油问题仍没解决。正当人们对此一筹莫展的时候，日本发明家中田藤三郎打破常规，运用逆向思维解决了问题。他想，既然圆珠笔在写到2万字的时候开始漏油墨，那么让其油墨量只能写到1.5万字左右，不就可以解决漏油问题了吗?后来经过实验果然成功了。

逆向思维，给我们展现的是新角度、新视点、新风景。但适当逆向思维并不是一件容易做到的事情，正如孩子的倒立，成人未必有从倒立中看世界的习惯和勇气；正如圆珠笔漏油问题的解决，常人未必有中田藤三郎先生的灵感。但遇到难题不妨一试，说不定就会有就的突破呢。

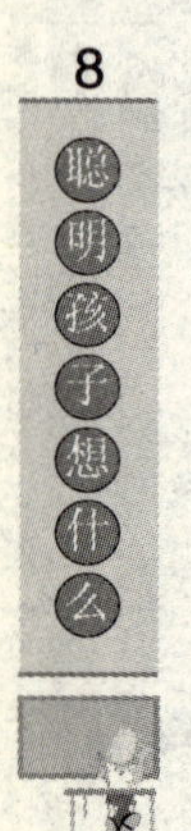

学会用数理逻辑的智慧，关键是引入数字的演算思想和方法。对每一个看起来很简单的问题，都要按照逻辑推理，认真算一下。这样才能告别混沌模糊的或然世界，步入清晰理想的必然王国。

创新提示★★★★★

品味数理的妙处

随着计算机风靡全球，人们迎来了数码时代。那么，我们对数字敏感吗?一比特大约能贮存多少个字符?一个光盘的容量是多少?磁盘呢?声音、图像文件所占据的空间大约是多少?

那么，我们不妨走进数理世界，尽情地领略一番数理智慧的神奇和美妙。

比如有这样一道智力题目：

三个朋友在饭店里吃饭，接到一张30元帐单。于是每人付出10元给侍者。后来经饭店结算，只要25元，侍者便欲找回5元，但他想到5元三人不好分，于是自己拿去2元，再还给每人1元。这样每个客人付出9元，三人共付出27元，加上侍者的2元，共29元。请问：还有1元到哪里去了?

你能正确回答吗?

这道题之所以使许多人百思不得其解，是因为提问中“加上侍者的2元”干扰了人们的思路，实际侍者拿去的2元，应从三人付出的27中减去，而不是加上去。

还有这样一个故事。

古代有个国王很喜欢玩游戏，他的大臣每天搜肠刮肚寻找新的游戏方法。国王把一切游戏都玩腻了，便向全国张榜征求好点子。

有个乡下人来求见国王，献上他发明的一种棋。有马、炮、将军等角色，捉对厮杀，场面极其壮烈，这就是后来的国际象棋。国王非常喜欢，便要赏给乡下人黄金。可是乡下人谦卑地只要一些小麦。

“那太容易了，你希望得到多少亩的麦子?我这里有的是。”国王说。

“陛下，我只是希望您在棋盘的第一格给我1粒麦子，然后第二格是2粒，第三格是4粒，第四格是8粒，只要把这64格棋盘用完就可以了。”

国王乐坏了，以为碰上个傻子，便立刻吩咐手下去装。然而才装到第20格，国库已经空了。经过计算，国王要付给乡下人的麦粒是$1+2^1+2^2+2^3+\cdots\cdots+2^{64}$，一共是36，893，488，147，419，103，231颗麦粒，大概是世界上2000年内所生产的全部小麦。

国王想了想，只好赖帐了。

这个故事所告诉我们的道理在于：人不能单纯地凭直觉或习惯来想像数理逻辑，数字是一种很微妙的东西。

在我们的社会中，大约只有不到一半的人习惯于数理的思考，大部分人面对一些数字玩笑时，经常被愚弄或迷惑。

为了避免这种思维上的错误成为习惯，平时就应该加强数字和推理方面的练习，使数字推理的习惯在大脑里生根发芽。

比如说：有人问，将一张白纸对折50次，大概会有多高?你千万不要仓促地估计，而是应该拿起笔来算一算。按照一张纸厚0.01毫米计算，对折50次就是0.01×2^{50}毫米，最后的结果大概是1100多万千米，相当于绕地球赤道200多圈，也就是说把一张纸对折50次，就可以从地球到月球往返14次。

在生活中，有些人常会利用一些数字游戏来欺骗别人。例如，许多商家喜欢搞一些大甩卖，以“打折”的这种方式来吸引顾客。有经验的顾客不会受这些外在的迷惑，他们一眼就能看出这件衣服是否值60元钱或是一台录音机打6折是否值得买。然而一些没经验的顾客，尤其是年轻人，常常陷入数字的陷阱，被一些6折、3折的牌子吸引。

有些不怀好意的人会劝你赌博，他们会煞有介事地拿出一本书，诸如《成功的赌术》之类。里面会告诉你在赛马、轮盘、扑克、麻将之类的赌博中，怎样使自己的胜算达到60%、70%等等。他们会慷慨大方地把书送给你，然后拉你到赌场输个精光……

昙花一现，赠予人们的是成功的钥匙；花开花落，打开的也是成功之门。曲径通幽，殊途同归，告诉我们的是这样一个道理：发明方法万万千，抓住一个即好汉。

创新提示★★★★★

偶然的机会

美国纽约州有一家农场主，每天很忙，妻子为了催叫他回家吃饭，跑得腿都痛了，于是就买了一只兽角做“喊话筒”用。当她第一次“呜呜”地吹响兽角时，怪事发生了：许许多多的毛虫像冰雹一样从院子里的几棵槭树上掉下来。她把这一奇特现象告诉了丈夫，丈夫便用这只兽角给果树除虫，居然效果良好。这一奇怪的事儿传到一位农业科学家耳里后，他亲自来农场考察，顿时灵感大发，一个利用声波除虫的新方法列入了他的研究计划。经过不断地实验探索，一种声波振荡除虫器发明成功。使用这种器械除虫，可以避免农药对水果和土地的污染，对“绿色农产品”的生产具有积极的意义。

上述发现发明故事，是主人抓住了昙花一现的偶然，获得发现发明成果。与此相对照的是，也有许多发明是通过观察，如花开花落一样多次重复发生的现象，从中归纳找出了规律，而拿到了发明的金钥匙。

大家都知道，“海中霸王”——鲨鱼是异常凶残的，它经常袭击在水下作业的人和在海面上正常行驶的小船。为此，科学家们一直寻求对付它的办法。有一次，一位“好事者”把一条饿了几天的鲨鱼放进水池里，轮流把涂了不同颜色的板块投入水中。结果，每投一次，饥肠辘辘的鲨鱼就猛窜一次，咬住板块就狼吞虎咽起来。但是，惟独见了橙黄色的板块，就立即调转尾巴逃之夭夭，宁可挨饿也不肯靠近。接着，试验者又用黄色光照射水面，鲨鱼便索性躺在水底“绝食”，干脆一动也不动。根据鲨鱼的这一特性，人们想到了安全救生圈和救生衣的创新设计。于是救生圈和救生衣被涂上了橙色黄，以便既能吓跑鲨鱼，又使营救人员易于发现目标，从而保证其人身安全。

至于防鲨鱼的“弗列莉新衣”，则是澳大利亚海底摄影师泰勒的发明。泰勒通过艰苦的研究，用了一年多的时间，制成了一件由十多万个小钢环串连而成的盔甲式连身衣之后，由爱妻弗列莉亲自试穿，一次又一次地在海底鲨鱼出没的地区进行重复实验，证明这种新型内衣可抗御鲨鱼袭击的有效性，为潜水作业的人员带来了福音。

这两个发明发现故事，颇值得人们玩味。

昙花一现，得来偶然，颇为轻松；花开花落，梅开几度，蕴含着长期的观察思考，大有“两句三年得，一吟双泪流”的艰辛。

昙花一现，赠予人们的是成功的钥匙；花开花落，打开的也是成功之门。曲径通幽，殊途同归，告诉我们的是这样一个道理：发明方法万万千，抓住一个即好汉。

一位伟人说过:“真理诞生于一百个问号之后。”在你抓住了一个个疑问的时候，同时也就叩响了创造之门。

创新提示★★★★★

不放过一个疑点

波义耳是世界著名的化学家、物理学家。一天，波义耳在实验室指导助手做实验，他一边看着助手把浓盐酸往烧杯里倒，一边随手拿起一朵紫罗兰放在鼻前嗅。弥漫在空中的盐酸气味十分呛人，波义耳下意识地用手中的花扑打了几下，又把花举到鼻下，可惜娇嫩的鲜花上溅了几滴盐酸，残留在花瓣上，还冒着轻烟。

波义耳很遗憾地把花放到一个清水盆中，又去忙自己的事情。过了一会，细心的波义耳发现蓝莹莹的花竟变成了粉红色，他禁不住叫出声来。从来不肯放过一个疑点的波义耳马上开始了思考，很快意识到利用颜色变化可以来检验酸的存在。通过深入研究，波义耳制成了最原始的酸碱指示剂。这种方法一直使用到今天。

是绕过疑点，还是抓住不放，一直是检验人的思维能力的标志。要发现真理，说难也不难，说容易并不容易。真理常常就在你的身边，其关键之点就是看你有没有一双敏锐的眼睛，看你有没有一个善于思考的脑子，看你有没有敢于坚持真理的勇气。

就拿洗澡来说，是一件非常普通的事情。洗完澡，拔掉塞子，水哗哗地流走……这件事对我们来说再寻常不过。然而，美国麻省理工学院的谢皮罗教授却注意到：每次放掉洗澡水时，水的漩涡总是向左旋的，也就是逆时针的。

这是为什么?这个问题从脑海里一涌出来，就被谢皮罗教授抓住了。1962年谢皮罗教授对上述现象发表了研究论文，认为水漩涡与地球自旋有关。由于地球不停地自西向东旋转，而美国处于北半球，便使洗澡水朝逆时针方向旋转。他断言，在南半球洗澡水将按顺时针旋转；在赤道则不会形成漩涡。他甚至推论台风的旋转方向也和洗澡水的旋转方向一致。

谢皮罗教授从洗澡水的漩涡，联想到地球的自转问题，联想到台风的旋转方向问题，一个疑问连着一个疑问，经过观察思考，最后把一个个“?”拉直变成“!”，奏响了一曲追求真理的凯歌。

抓住疑问，一追到底，获得成功，并非是科学家的专利，普通人的例子也随手可举。山东省榆社县的普通农民赵跃荣，在夜间看菜地时，发现了一个奇特的现象：一株被篱笆弄弯头的西红柿，果实结得特别好，一层又一层，个个又红又大。赵跃荣动起了脑子，猜想奥秘可能就在弯头上。随即他开始对西红柿进行弯头处理。果然不出所料，当年他的西红柿获得了大丰收。他发明的“西红柿V型栽培法”被列为1988年国家科技兴农星火项目在全国推广，创造了巨大的经济效益。

失误是一种偶然，偶然之中，一些不该发生的事情发生了……于是，我们看到了一个个新发明和失误、偶然的故事。

创新提示★★★★★

失误中隐藏的秘密

1920年的一天晚上，法国化学家贝奈第特斯在看当天的一份报纸时，看到一则关于车祸的新闻报道：

一辆汽车在一条公路上行驶时，因方向盘突然失灵，汽车撞到路边的一根电线杆上，接着又翻到路边的一条沟里。车上的三名乘客，有两名被打破的玻璃刺死，还有一位被刮伤。

贝奈第特斯看完这则新闻，想起了17年前的一件事：

一次，他像往常一样，清理实验药品架。他一手拿着抹布，擦着桌面，一手挪动着药瓶。忽然，一不小心，“啪”的一声，一瓶药掉到了地上。

贝奈第特斯生怕药瓶内的药水流出来，连忙俯下身捡起药瓶。奇怪的是，药瓶布满了裂纹，但却没有一片碎片。

“这真是不可思议。”贝奈第特斯觉得很费解，但眼下他正在做一个重要的实验，没有精力去深究原因，于是他就在药瓶标签边上注明：“1903年11月21日，此瓶从3.5米高处摔下。”然后，将它放在一个角落里。

后来，贝奈第特斯也就把这事忘了。今天这则新闻唤起了他的记忆。

“找出那个药瓶不会碎成片的原因，也许对制造汽车门窗上用的安全玻璃有好处。”他从布满尘土的角落里，找出那个药瓶。

在灯光下，贝奈第特斯仔细地检查药瓶。原因终于找到了。原来，这药瓶曾盛过硝化纤维的乙醚溶液，时间长了，乙醚挥发掉，留下的硝化纤维形成一层胶膜。这层胶膜像一层皮一样紧紧地贴附在药瓶玻璃上，因此药瓶玻璃碎片被这层皮拉住了。

贝奈第特斯马上想到：“如果在两层玻璃之间夹一层透明的硝化纤维薄膜，不就可以制成汽车门窗上用的不会碎成片的玻璃了吗?”

接着，贝奈第特斯立即准备材料，着手安全玻璃的研制工作。

实际做起来，要比想像的难很多。因为硝化纤维遇到高温的玻璃液会燃烧，甚至爆炸；此外，硝化纤维也不大容易与玻璃合二为一。但贝奈第特斯一个一个问题解决。经过两年的努力，终于成功地研制出安全玻璃。

这种安全玻璃很快便投入大量生产，被广泛地应用在汽车、飞机、轮船等交通工具上。

后来，人们还发明了新一代安全玻璃，它的做法是：用很细很细的玻璃丝织成布，这种布柔软、轻盈、坚实；在两片玻璃中间夹进玻璃纤维布。这种安全玻璃不像硝化纤维薄膜制成的玻璃那样，长时间受阳光照射后会泛黄；且工艺更简单、更耐用。因此，贝奈第特斯为人类做出的贡献，并永远地被人们记在心里。

失误是什么?它是一种偶然，偶然之中，一些不该发生的事情发生了……于是，我们看到了一个个新发明和失误、偶然的故事。若不是出现意外，贝奈第特斯的瓶子绝不会落地，没有这个偶然，安全玻璃的发明权，恐怕不会属于贝奈第特斯。

失误来了，您认真解读了吗?

大自然是最完美的设计师，大自然中的一草一木，都是至为精美的艺术品。师法自然，大胆模仿，是创新的一条捷径。

㊀㊁㊂㊃★★★★★

模仿大自然

19世纪初，英国准备在泰晤士河修建一条水下隧道，由于这儿土质松软极易塌方，给施工带来很大困难。负责工程施工的工程师布鲁尔焦急万分，一时也没找到什么解决的办法。一天，布鲁尔在散步时发现一只昆虫在其外壳的保护下使劲向橡树皮里钻，布鲁尔被吸引住了。他想，照这种办法改变一下掘进方式是否行呢?据此他创造性地提出了新的掘进方案：先把空心柱横着打进河底，以此作为“构盾”，在构盾的保护下支护开挖，边掘进边开挖。这样一种新施工方法——构盾式掘进法被发明出来，被世界各国竞相采用。

传说我国古代的巧匠鲁班也是这样发明锯子的。有一天，鲁班不小心手被茅草割破了。好奇心使他忘记了疼痛，他想，弱不禁风的小草怎么会这般锋利呢?经过观察和研究，他发现这种茅草的边缘带有错错落落的茅刺。受此启发，他想到了用铁片锯木的主意。

大自然是最完美的设计师，大自然中的一草一木，都是至为精美的艺术品。师法自然，大胆模仿，是创新的一条捷径。有的模仿创新是通过功能变换来进行的。如苏联卫国战争时期，昆虫学家施万维奇，对德军的狂轰滥炸造成的苏军人员伤亡痛心不已，他想，要是发明一种伪装技术，让德军找不到军事目标就好了。施万维奇开始到昆虫世界寻找智慧，因为许多昆虫的“伪装术”是十分出名的。施万维奇借鉴蝴蝶翅膀的花纹发明了“迷彩伪装术”，巧妙地骗了德军侦察机的眼睛，为赢得苏联卫国战争的胜利做出了贡献。蝴蝶靠花纹伪装与“迷彩伪装术”可谓异曲同工。后来人们通过研究蚂蟥吸盘的原理，发明了机械吸盘；通过模仿袋鼠起跑发明蹲式起跑术等等，都是通过功能变换进行模仿。

通过结构移植进行模仿也是常见的一种创新方式。人们对狗的鼻子的构造进行分析，找出了嗅觉发达的结构原理，设计出了比狗的鼻子更为灵敏的电子嗅觉器。像上面“构盾式掘进法”和锯子的发明也是一种结构移植。模仿的创新实践再次启发我们：人类仅仅向自身学习是不够的，大自然中的生物也是人类学习的老师。

洞察力是什么呢?它是一种执著的信念催生的探索力量，一种科学理性的选择所赋予的自信之火。发明家一旦和洞察力结缘，就意味着明天的成功。

㊋㊎㊏㊐ ★★★★★

创新提示★★★★★

与洞察力结缘

门捷列夫出生于1834年。他出生不久，父亲就因双目失明出外就医，失去了得以维持家人生活的教员职位。门捷列夫14岁那年，父亲逝世，接着火灾又吞没了他家中的所有财产，真是祸不单行。1850年，家境困顿的门捷列夫依靠微薄的助学金开始了他的大学生活，后来成了彼得堡大学的教授。

当时，各国化学家都在探索已知的几十种元素的内在联系规律。门捷列夫也将此作为自己的研究方向。

1865年，英国化学家纽兰兹把当时已知的元素按原子量大小的顺序进行排列。发现无论从哪一个元素算起，每到第八个元素就和第一个元素的性质相近。这很像音乐上的八度音循环，因此，他干脆把元素的这种周期性叫做“八音律”，并据此画出了标示元素关系的“八音律”表。

显然，纽兰兹已经下意识地摸到“真理女神”的裙角，差点就揭示元素周期律了。不过，条件限制了他进一步的探索，因为当时原子量的测定值有错误，而且他也没有考虑到还有尚未发现的元素，只是

机械地按当时的原子量大小将元素排列起来，所以他没能揭示出元素之间的内在规律。

可见，任何科学真理的发现，都不会是一帆风顺的，都会受到阻力，有些阻力甚至是人为的。当年，纽兰兹的“八音律”在英国化学学会上受到了嘲弄，主持人以不无讥讽的口吻问道：“你为什么不按元素的字母顺序排列?”

门捷列夫顾不了这么多，他以惊人的洞察力投入了艰苦的探索。直到1869年，他将当时已知的63种元素的主要性质和原子量，写在一张张小卡片上，进行反复排列比较，才最后发现了元素周期规律，并依此制定了元素周期表。

门捷列夫的元素周期律宣称：把元素按原子量的大小排列起来，在物质上会出现明显的周期性；原子量大小决定元素的性质；可根据元素周期律修正已知元素的原子量。

门捷列夫元素周期表被后来一个个发现新元素的实验证实，反过来，元素周期表又指导化学家们有计划、有目的地寻找新的化学元素。至此，人们对元素的认识跨过漫长的探索历程，终于进入了自由王国。

门捷列夫，这位化学巨人的元素周期表奠定了现代化学的理论基础。

在他死后，人们格外怀念这位个子魁伟，留着长发，有着碧蓝的眼珠、挺直的鼻子、宽广的前额的化学家。他生前总是穿着自己设计的似乎有点古怪的衣服。上衣的口袋特别大，据说那是便于放下厚的笔记本——他一想到什么，总是习惯地立即从衣袋里掏出笔记本，把它顺手记下。

门捷列夫生活上总是以简朴为乐。即使是沙皇想接见他，他也事先声明——平时穿什么，接见就穿什么。对于衣服的式样，他毫不在乎，说：“我的心思在周期表上，不在衣服上。”他的头发式样也很随便。那时，男人们流行戴假发，对此，门捷列夫总是摇头说:“我喜欢我的真头发。”

最让人难忘的是，门捷列夫晚年，为了研究日蚀和气象，自费制造探测气球。在当时出版的他的著作中，都附印上这样的说明：此书售后所得款项，作者规定用于制造一个大型气球并全面研究大气上层的气象学现象。

气球制造好之后，原设计坐两人，由于充气不够，只能坐一个人。门捷列夫不顾朋友们的劝阻，毅然跨进气球的吊篮。他年老多病，却不畏高空危险，不怕那里风大、气温低，成功地观察了日食的过程。

门捷列夫的这种献身科学精神，映衬着他对科学的巨大贡献，深深地影响着后人。

发明家在寻找发明题目，确定发明方向的时候，必须目光如炬敢于冲破种种偏见，拨开重重迷雾，向既定的发明目标进发。而要做到这一点，发明家必须像门捷列夫那样具有异乎寻学的洞察力。

“偷一偷”，星转斗移；学一学，视野大开。
“偷”的世界很精彩，为什么不赶快行动呢？

㊁㊂㊃㊄★★★★★

“偷”也是个办法

孙悟空是个充满奇思妙想的文学形象。这“猴子”一瞧见好吃好玩的，便使出“偷”的绝技。“偷”的招数在创造性思维中也能派上用场。

有人把电子计时器,“偷”移到圆珠笔的帽上，创造了计时圆珠笔。有人把太阳能电池“偷”装到汽车上，研制出新型的太阳能汽车。现在街市上充气球随处可见，若把世界地图“偷”印到上面去，哈，又是个新玩艺——可充气地球仪。现在，人们对摩托车十分喜爱，它的巧妙只是把马达“偷”来装上了自行车，一晃而变得身价百倍。

“偷”亦即一种“移植创造法”，把用于甲的某些用途、特点、性状，移植使用到乙上去，即达到了创造目的。各种交叉学科都蕴含着“偷”的智慧。

可喜的是我国一些青少年发明者爱好者，早已把这种“移花接木”的创造技法运用到了发明实践中。湖南省桃江县的一位中学生，看到母亲用铡刀铡中药很费力，药片的厚薄也不均匀的情况后，决心为母亲发明一种省力、快速、切片均匀的切片器。后来，他看到一位木工正在用刨子刨木板，受到启发，将刨子结构原理“偷”移到了自己的发明上，获得了成功。

“偷”亦有道。这种发明的移植方法分为原理移植、方法移植、结构移植等。

原理移植就是将某种发明的原理向新的领域类推，导致新的发明成果产生的方法。如室内健身器的发明，就是移植了自行车等物品的原理制成的。

方法移植就是将操作手段、制作方法，从原来的领域转移到不同领域中，以获得新发明成果的方法。

结构移植是将某种事物的结构形式或结构牲向另一事物揉合，使之产生新发明的创新技法。上述所说的中药切片器就是典型的一例。

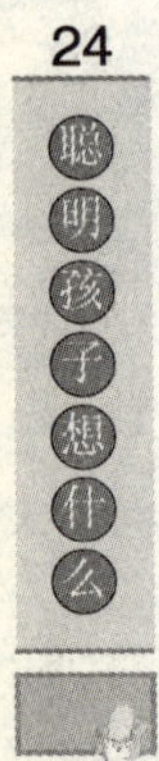

在创新之路上，是容许人们“胡思乱想”的，两件毫不相干的事，乍一看风马牛不相及，但只要我们找到其内在的某种联系，就有可能给我们带来巨大的收获。

㊟创新提示★★★★★

“霸王别姬”与复印机的诞生

美国有一位叫斯特切·卡尔森的工程师，用他朋友的话说，他是一个喜欢胡思乱想的人，业余时间常常做一些自以为有趣的事。

有一天，他到公司的秘书处办事，看到秘书在那儿忙得不可开交，一会儿要抄写几份同样内容的文件，一会儿要画几张同样图表的表格，忙得满头大汗。他觉得秘书工作非常辛苦，就忽然冒出一个想法：要是有一台机器，能够照原样把这些文件和图表都翻印出来，那就太棒了！

打那后，他脑子里便常想像那种机器的样子。卡尔森遇到的第一个难题是：如何将这张纸上的字、线条和图案如实地翻印到另一张纸上?一个多月过去了，卡尔森还是没想出好办法，他感到十分苦恼。

一个晚上，卡尔森不知不觉又工作到第二天凌晨。上班的时间到了，他顾不上吃早餐就匆匆走了。好不容易等到中午下班，他已饥肠辘辘。他快步走进附近一家中餐馆，准备好好吃一顿。在餐馆里，他无意中看到一幅题为“霸王别姬”的中国画，卡尔森对画很好奇，便向餐馆老板请教画中的内容。

老板是个热情的中国人，他对这段故事还是略知一二的，就向卡尔森讲道：

在2000多年前的中国，百战百胜的西楚霸王项羽遭到刘邦军队的伏击全军覆没。他拼死突围，带领剩下的几十个残兵败将，逃到乌江边。项羽怎么也咽不下这口气，发誓要重整旗鼓，卷土重来。忽然，他发现江边上矗立着一座石碑，石碑上密密麻麻地有许多蚂蚁，赫然组成“霸王自刎乌江”6个大字。项羽不禁大吃一惊！他是个非常迷信的人，以为这是上天的旨意，于是长叹一声，拔剑自刎了。其实，乌江边的石碑是汉高祖刘邦设的诡计。他派人用蜂蜜在石碑上涂了这6个字，蚂蚁嗅到蜂蜜味，爬满了涂蜜的地方，就呈现出了醒目的字样。这幅图画的就是霸王被刘邦围困、准备突围前与虞姬生死离别的情景。

餐馆老板还在眉飞色舞地讲着，周围吃饭的人也都在津津有味地听着，可满脑子正想着发明复印机的卡尔森却从中大受启发，他又胡思乱想开了——要是能将一张纸上的笔画像涂蜂蜜一样涂在另一张纸上，然后让墨粉像蚂蚁一样附在上面，问题不就解决了吗?卡尔森按照这个思路研究下去，很快就设计出了制造方案。有了制造方案，卡尔森仿佛看到了胜利的曙光，他的干劲更大了。

经过不懈的努力，卡尔森终于在1938年10月23日制造出世界上第一台静电复印机。当卡尔森激动地把一张写满字的纸张放入复印机以后，也就诞生了世界上第一张复印件。

当然，卡尔森制造的这种复印机很笨重。复印一张资料需要花费4分钟，印刷的笔画也不是很清晰。没多久，一位名叫克拉普的人，在静电复印机技术上进行重大改进，大大提高了静电复印机的复印速度，使复印机一分钟内可印150张，并使复印机结构更简单，体积更小，可以放在书桌上。它的主要部件是硒鼓。在鼓上涂着的硒在黑暗中能留住电荷，一遇光又能放走电荷。复印时，使光透过要复印的纸，照到硒鼓上。硒鼓上没有笔迹的地方放走了电荷，有笔迹的地方留住了正电荷，并吸附上带负电的墨粉。硒鼓转动时，让带正电的白纸通过，墨粉就被吸到纸上。经过高温或红外线照射，让墨粉溶化，渗入纸中，就显现出笔迹。

在当时，这种复印机技术已比较完善，经卡尔森、克拉普所在的施安斯公司生产，成为第一台商用复印机。这种复印机推出后，立即受到了人们的欢迎。

现在，在经历了60多年的风风雨雨后，复印机已发展成为具有近千个型号、品种齐全的先进机器。按复印机复印颜色来分，有单色、多色及彩色复印机；按复印机显影方式来分，有单组份和双组份两种；以复印机尺寸来分，有普及型、手提式及大工程图纸复印机；按成像处理方式来分，有数字式和模拟式复印机等等。人们可以按照各自的需求选择不同的复印机，复印机已成为人们的“好助手”。

“恶作剧”凝聚着一个人的创新智慧。思维摆脱羁绊，奔向自由才会有真正的喜剧效果。当然，做“恶作剧”也要有个度，以不损害个人和社会的利益为前提。

创新提示★★★★★

“恶作剧”中的发现

澳大利亚的一名中学生，在校学习成绩不好，还时常逃课。老师把这名学生的在校情况，向家长作了通报。那名学生自然躲不过一顿臭揍。挨打之后，他对老师产生了报复心理。一天，他趁老师不注意，跑到老师的办公室，用尖锥把老师烧水的水壶钻了一个小孔。他以为水壶一漏气老师再也喝不到开水了。不明底细的老师一天烧水时，发现水壶突然鸣叫起来，老师仔细观察，似有所得，经过一番改进实验，向国家专利局申报了哨音水壶发明专利。

西班牙著名的绘画大师戈雅也有类似的经历。一天，圣像画家吕尚，突然发现圣母像多了两撇蓝色的小胡子，吓得直出冷汗。因为在当时的欧洲任何亵渎圣母的行为都被视为大逆不道，要受到法律的制裁。独具慧眼的吕尚，知道这一恶作剧是他的得意门生戈雅干的，“恶作剧”显示了戈雅的某些可贵的独创精神。吕尚没有把学生送到监狱里去，而是让戈雅逃走了。

美国著名的麻省理工学院的独特教育方式之一，即是允许学生做一些“恶作剧”。例如，有的学生为了能在深夜潜入计算机房以便获得更多的上机时间，练就了一种能在数秒钟内打开通往机房的全部门锁的硬功夫。另一些人则不惜冒着生命危险从天窗进入实验室。该学院的教授们认为，所有的“恶作剧”都与强烈的求知欲有关，应对搞“恶作剧”的学生多些宽容和理解。常做恶作剧的学生都思维活跃，性格开朗。

“恶作剧”凝聚着一个人的创新智慧。思维摆脱羁绊，奔向自由才会有真正的喜剧效果。当然，做“恶作剧”也要有个度，以不损害个人和社会的利益为前提。

“恶作剧”的水平高低，代表着孩子的创新与想像能力；对“恶作剧”的理解与包容，显示着社会对个人才华的鼓励与保护。

播种疑问的种子要越早越好，一粒种子意味着一片森林的收获。

创新提示★★★★★

一粒种子与一片森林

俄国科学家米丘林于1855年出生于一个小贵族家庭。他父亲种植了一片果园。童年时代的米丘林对这片果园充满了浓厚的兴趣。地上的野草，树上的花果，都给了他无比的乐趣。

稍大一些，米丘林在父亲的支持下，在果园里有了一块“自留地”。在这块属于自己的小天地里，米丘林照着父亲的种植方法，将许多果树的种子埋在地里。春天来了，绿芽冒出地面。父亲看到他对果树栽培那么着迷，便一五一十地把一些简单的果树栽培的方法教给他。

两三年后，米丘林种下的果树结果了。在果树成长过程中，米丘林也渐渐长大了。他对于自己的“成果”并不满足。他看到父亲将一种果树的枝条嫁接到另一种果树上，感到十分有趣，也在两种果树上搞起嫁接。可是，几天后，他嫁接的果树枯萎而死。

“爸爸，为什么我嫁接的果树不能成活?”米丘林问。

父亲笑着告诉他:“并不是所有的植物都可以嫁接。许多果树之间还不能嫁接。至于为什么，现在科学家也还搞不大明白。你好好学习，长大了也许就能揭开这个奥秘。”

父亲的话给了米丘林极大的鼓舞。然而，正当米丘林憧憬着上大学深造时，父亲却意外地病倒了。家里的土地，包括那片可爱的果园，都卖掉了，以支付父亲治病的医疗费。17岁的米丘林也只好辍学，到一个铁路管理站工作，以维持全家人的生活。米丘林上大学的理想成了泡影。

然而，生活的拮据和艰辛，并没能阻拦米丘林对果树栽培的爱好。他利用铁路管理站人员往来多的特点，向旅客打听各地果树栽培情况。渐渐地，他了解到：果树的品种很少，好的品种更少，以致影响了果树生产和发展。于是，他暗暗下决心，要培育出几个好品种!

于是米丘林省吃俭用，租下了一片荒废的果园。有了果园，可没有果树种子怎么办?

米丘林自有办法，他利用业余时间，到贵族们丢弃的垃圾中寻找。对于贵族们投来的鄙夷的目光，他并不理睬。

有一次，在街上，米丘林看到一位漂亮的姑娘边走边吃着一个水果。他高兴极了，这是一种他从没有见过的水果。于是，他悄悄地跟在姑娘的后面。

走了一段路，姑娘发现后面有一个“尾巴”，便大声喊叫：“快来抓流氓啊！快来人啊!”

结果从四面八方涌来了一群人，将米丘林围住。大家厉声斥道：“你大白天想干什么坏事?!”

“我我……只是想捡她那水果的种子。”米丘林辩解道。

幸好，一位熟人作证，米丘林确有这种“嗜好”，才解了围。不过，米丘林并不觉得委屈，因为他如愿得到了那水果的种子。

就这样，米丘林的果园种上了各种各样的水果。他利用休假日及上班前和下班后的一段时间，在果园里摆弄果树。晚上，则如饥似渴地学习各种果树栽培知识。

春去冬来，花开花落，米丘林不知在果园里洒下了多少汗水。

一次，他把当地苹果树的花粉授给“中国苹果”的花，得到了第一批杂交种苹果。他把这批充满希望的杂交种苹果苗种下，期待着收获。可出乎意料之外，这些娇嫩的“宝贝”却耐不住严寒，枝叶被冻得枯萎了。这可怎么办?米丘林灵机一动，从一株残存的优良杂种苗上取下几个芽，再把它们嫁接到“中国苹果”的树枝上，结果杂种芽茁壮成长，顺利地度过了严冬。后来，这些杂种苗结出了丰硕的果实。

由此，米丘林发明了果树杂交育种的“蒙导法”。

在这以后，米丘林经过无数次杂交试验，又发明了“无性接近法”和“媒介法”等育种方法，成功地培育了一个又一个新品种。

在回顾自己的发明经历时，米丘林深有感触地说：播种疑问的种子要越早越好，一粒种子意味着一片森林的收获。

我多么期望我那位朋友，能把他收藏室的门打开，让他的孩子能尽情地沉浸在收藏的世界里，去观赏、去触摸甚至去把玩呢？

㊎创㊎新㊎提㊎示★★★★★

“破坏”展露的智慧之光

前不久到一个有收藏兴趣的朋友家里去，朋友兴致勃勃欲让我去看他的宝贝，可翻箱倒柜找不到钥匙。他的儿子此刻正在一个小房间里做功课，我跨进去，对那个小朋友说，知道你爸把钥匙放哪儿吗？小朋友头也没抬，一句“不知道”，说得冷冰冰的。

朋友见状尴尬地说，别理那小子，说不定他正高兴呢！我越加不解。他解释说，儿子小时候曾摔坏了他不少宝贝，为了防止儿子再弄坏他的宝贝，后来索性给门上了锁。

朋友的心情我理解。可不知怎么我再也找不到对他的收藏一睹为快的兴趣，便告辞了。我想到一个真实的故事，不知该不该说给他听一听。

这件事发生在日本。

一位父亲领着儿子去探望一位老人。儿子在房间里东转西转看上了一个古瓷碗，他说他想拿回去用它来吃饭。

碗的主人是位有收藏癖的老者，为这宝贝他从古董行里花了不少钱，才买来珍藏在家里。

老人似没想到这些，听到孩子的话就随手把那古瓷碗从博古架上取下来递给孩子让他带回去。那情形，就像递给孩子的不是什么古董，而是一件平平常常的玩具。

孩子的父亲坚辞不要：这样昂贵易碎的珍品，岂是可以交在孩子的手里的?不说明它的价值，小孩子就不会珍惜；说明了，却怕这般奢侈，于孩子的成长不利。

“恰恰相反，”老人说，“应该让他知道这东西价值连城，应该让他用来吃饭或者游戏，如果要打碎就打碎好了。连这么贵重的东西都等闲视之的孩子，长大之后，便会有不一般的气度和眼界，至少不会斤斤计较一分一厘的数目。”

后来，那只碗真的被孩子带走了。

我的朋友能理解他的这位同道的匠心吗?无人回答我，街上只有川流不息的人流，他们许多人都是家长，家中都有儿子或女儿吧，他们当中也有把宝贝东西隔绝起来，不让孩子亲近、欣赏的吗?

破坏是孩子的一大天性。

孩子在亲近世界的最初日子里，对万物表现得似乎并不那样友好。他们拿到钟表，便想知道里面的秘密，看看里面究竟有什么机关；拿到玩具，就一心想把它拆开来。我就见过一个三岁的孩子用小刀划破一个漂亮布娃娃的肚子，她在演绎一个故事，她把自己想像成了一名医生：她在做手术。发明大王爱迪生有着一双灵巧的手，他说:“我的手之所以这样灵巧，是因为我从小就亲手破坏了许多东西的缘故，我的玩具几乎都是被我大卸八块，父母亲的书我也曾一页一页地撕开来，我对实验的兴趣，正是我童年破坏游戏的延续。”

黎巴嫩诗人纪伯伦说:“如果父母亲是张弓，孩子就是搭在弓上的箭。”父母珍视孩子的好奇心，容忍和理解孩子的“破坏”行为，给予孩子的是一个宽阔无比的空间，孩子的智慧就能得到尽情的舒展和扩张，因为孩子在“破坏”了一件物品的时候，也了解了这件物品，得以进入一个未知世界。相反，父母若对此阻扼或限制，也就关闭了孩子孕育智慧的大门。

我多么期望我那位朋友，能把他收藏室的门打开，让他的孩子能尽情地沉浸在收藏的世界里，去观赏、去触摸甚至去把玩呢?

科学家们独特的生活情趣，不是沉湎于娱乐，
而是在娱乐中松弛大脑，陶冶性情，启迪智慧。

㊁㊂㊃㊄★★★★★

在业余爱好上“淘金”

科学家热爱事业也热爱生活，他们大都有着广泛的爱好和业余生活情趣。伽利略喜爱绘画、听音乐，还常常兴致勃勃制作玩具；巴甫洛夫喜欢读小说、划船、集邮、绘画和种花；达·芬奇既是数学家、物理学家、工程师，又是伟大的画家，还喜欢收集蜥蜴、蟋蟀、蜘蛛和昆虫；富兰克林爱好体育运动，从小就喜欢游泳、划船、跑步和做操，我国科学家钱三强喜欢古典文学、唱歌、打乒乓球和篮球。

有人统计，1901年至1982年在物理、化学和生理医学三个学科中获诺贝尔奖的356名科学家中，爱好写作、音乐、诗歌、小说和绘画的，约占21.3%；喜欢打球、爬山、钓鱼、滑雪等体育活动的，约占20.5%；爱好旅游的约占11%；喜爱园艺、集邮、收藏和饲养珍禽的约占7.9%。

科学家、艺术家丰富的业余爱好，并不纯粹是为了娱乐、休息，而是从中怡养身心，或为事业发展养精蓄锐，或为解难破疑寻求智慧。许多科学家在睡眠、散步、游玩、钓鱼、养花、欣赏音乐等大脑松弛时，获得了富有创见的想法，使头脑豁然开朗，沟通了以往所掌握的种种信息和材料。日本发明大王中松义郎，专门为自己布置了两个房间，一个房间内挂着山水画，一个房间里放有各种音响装置和各

式照相机。他每每冥思苦想后，便听听音乐，欣赏绘画，从而产生了许多奇妙的构思。1979年诺贝尔化学奖获得者、德国化学家乔治·维提格，在有机合成化学研究上取得诸多成果，除了他勤奋研究，反复探索外，还得益于他那架钢琴。他于1897年出身在柏林一个艺术教授的家里，从小受到音乐的熏陶，特别喜爱弹钢琴。每当工作之余，或研究中遇到难解的疙瘩时，只要弹一弹钢琴，他就会心旷神怡、浮想联翩、思若涌泉。他的学生们曾开玩笑说："维提格老师的化学研究，有一部分归功于他的那架钢琴。"1864年，67岁的维提格发表了一篇回顾脱氢磷盐研究的文章，题目就叫《施陶丁尔旋律的变奏曲》。

大科学家爱因斯坦也很喜爱音乐，他从6岁起就跟人学小提琴，酷爱巴赫、莫扎特和贝多芬的作品。几乎每天都要拉他心爱的小提琴。在他紧张思索光量子假说或广义相对论的日子里，每当遇到了困难，他就会放下笔，拿起琴弓。那优美、和谐、充满了想像力的旋律，对他的科学创见和思想闪光起了催化作用。大发明家爱迪生酷爱猜字谜游戏。他的儿子查尔斯说，他父亲确信字谜游戏的价值，他把字谜游戏看作是对创造才能的训练。

20世纪著名数学家、被称为"计算机之父"的冯·诺依曼，在学生时代勤奋攻读数学，但他同样重视其他课程，和同学一起参加各种活动。他很喜欢历史，对于千年以前拜占庭历史的熟悉程度，只有历史专家才能与之相比。他虽出生于匈牙利，但在美国大学的一次讨论会上，竟能把美国南北战争的细枝末节说得一清二楚，使得许多美国人都惊讶不已。他体育不太好，不大喜欢户外活动，但他非常喜欢和朋友聊天，一谈起来就没完没了。他更喜欢下棋，尽管不是常胜者。曾在美国贝尔电话实验室、美国国家航天航空署等处做出许多杰出发明的工程师考克先生，共申请了235项专利。这位发明家有多种爱好，当他还是辛辛那提大学的学生时，就已经成为棋艺高超的棋手。在大学的一次盲棋公开赛中，他战胜了所有强手而获得了冠军。他参加了学校田径队，又是一个风琴手，甚至当了乐队的指挥，并为大学的音乐喜剧谱曲，成为一个优秀的业余作曲家。正是这种业余爱好，导致许多新思想的产生，使他得以应用他的理论发明了电子琴。

总之，科学家们独特的生活情趣，不是沉湎于娱乐，而是在娱乐中松驰大脑，陶冶性情，启迪智慧。他们业余生活的“含金量”之高，发人深思。透过业余生活进行“淘金”，不也是创新的智慧吗？

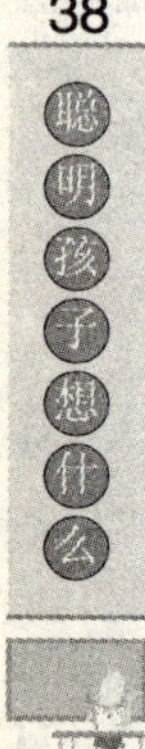

打开艺术的一扇小门，伸头张望几眼，说不定就会获取一粒创造的火种。我们为什么不试试呢？

创新提示★★★★★

艺术是创造的火种

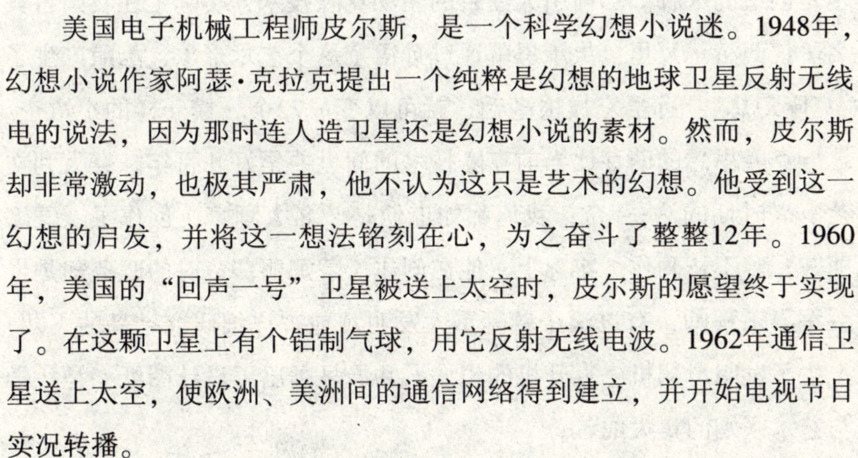

美国电子机械工程师皮尔斯，是一个科学幻想小说迷。1948年，幻想小说作家阿瑟·克拉克提出一个纯粹是幻想的地球卫星反射无线电的说法，因为那时连人造卫星还是幻想小说的素材。然而，皮尔斯却非常激动，也极其严肃，他不认为这只是艺术的幻想。他受到这一幻想的启发，并将这一想法铭刻在心，为之奋斗了整整12年。1960年，美国的“回声一号”卫星被送上太空时，皮尔斯的愿望终于实现了。在这颗卫星上有个铝制气球，用它反射无线电波。1962年通信卫星送上太空，使欧洲、美洲间的通信网络得到建立，并开始电视节目实况转播。

皮尔斯自称他的发明是“从艺术世界里盗取的火种”。实际上，创造和艺术的不解之缘几乎可以追溯到远古时期。考古学家曾在半个多世纪以前，发掘出一种名叫大石磬的殷代乐器，它距今已有3000年历史。一块普普通通的灰色石头，经我们聪明的祖先打磨加工不仅成为纵舞欢歌的乐器，而且也是一件精美的艺术品。大石磬上面刻着伏虎，虎口大张，威风凛凛，虎的造型线条圆润，华丽优美，极富乐感。大家所熟知的赵州桥，距今已有1300多年，是世界上建筑最早的曲拱桥。其漂亮的造型实现了创造与艺术的完美统一，令世人叹为观止，成为世界建筑史上的杰作。电视的出现几乎改变了人类的生活方式，人们在发明了黑白电视以后，产生了看彩色电视的念头。电影可以使用彩色胶片拍摄，电视机却是利用电子扫描在一张荧光屏上产生瞬息万变的图像，该原理显然使用不上，而且电子不带颜色，如何使电视屏幕上的色彩千变万化呢?恰恰是画家的调色板给了发明家以启迪。画家在绘画时，凭着一张调色板，仅用红、黄、蓝三种颜色，就可以调制出几乎所有需要的颜色，创作出绚丽多姿的美术作品。发明家们运用这一原理，将荧光屏上的每个映像点都分解成红、黄、蓝三种色素，通过电子扫描的强弱变化调制出逼真迷人的彩色图像。

科学里面蕴含有艺术，艺术里面蕴含科学。从某种意义上说，艺术是创造的火种。当前引人注目的生物克隆技术，实际上在我国古典名著《西游记》里，吴承恩就通过孙悟空这个艺术形象，酝酿产生了“克隆幻想”：孙悟空拔根毫毛，就可以变成72个一模一样的小悟空。这一克隆思想的萌芽比当前克隆技术的问世要早好几百年。意大利文艺复兴时期的达·芬奇，我们都知道他是一名大画家，创作了《蒙娜丽莎》等不朽画作。实际上，他在创作《蒙娜丽莎》时的职务却是米兰军事工程师，有过滚子链等重大发明。他曾详细研究过鸟的飞翔，产生了发明滑翔机、直升机的想法，并最早画出了设计图纸，是科学与艺术联姻的集大成者。

对一个普通的热爱创造、热爱发明的人来说，要想闯进创造和艺术两门学科中去是不容易的。但对艺术保持一种异乎寻常的热爱，做一名艺术的知音却是可以做到的。比如，经常阅读文学、科幻名著，参观摄影、绘画、雕塑展览，参加各种艺术游艺活动，尝试着做一些以艺术感受为素材的小发明等，从中汲取艺术的滋养，孕育创造的种子。原苏联宇航科学家把宇宙飞船送上月球之后，曾经对我国科学家说过这样的话：嫦娥奔月的故事给予了我们智慧，是嫦娥把我们引导到月球上去的!

第二辑

带着问题漂流

对广大青少年而言，我们认识世界和改造世界，最基本的任务就是寻找事物内在本质的必然联系，获得规律性的认识，并从中抽出一根“线头”来。

㊢㊫㊜㊡★★★★★

找出问题的关键所在

200年前，澳大利亚引进了5头母牛、3头公牛。想不到牛大量繁殖后，牛粪常年累月结成硬块，大面积覆盖草原。同时，粪堆又成为蝇类繁殖的温床，热带蝇类大量吸吮家畜的血液，传播疾病。因此，牛粪就成了发展畜牧业的一大灾害。于是，那里的科学家们就关心起牛粪来了。

科学家通过观察到的上述事实，开始刨根问底，他们分析：为什么遍布草原的袋鼠的粪便不见成堆，而外来的牛粪便却总是成堆结块，造成灾害呢?

科学家通过调查，终于搞清了，原来当地有一种屎壳郎，特别喜欢袋鼠的粪便。屎壳郎以它为食，把袋鼠粪滚成球团，推进它们栖身的坑内，然后把土爬平，在里面生儿育女。这样，袋鼠粪就散布到各处地下成了肥沃草原的好肥料。但是，澳洲的屎壳郎对牛粪不感兴趣，见了牛粪动也不动。

科学家发现了屎壳郎的这一规律，便开始寻找对牛粪感兴趣的屎壳郎。他们跑遍了南美、非洲和亚洲中部等接近澳大利亚自然条件的地区，先后观察研究了不下几百种屎壳郎，终于如愿以偿，找到了一些既适应澳大利亚自然条件，又对牛粪有兴趣的屎壳郎，引进之后，大力繁育放养，很快使牛粪的灾害得到了解决。

由此可见，若不是澳大利亚科学家从观察分析中找出问题关键所在——澳洲屎壳郎只喜欢袋鼠的粪便，是不可能马上找到问题的解决办法的。

还有一个相反的例子。在一个动物园里，有一位勤奋的工作人员，他按照人的生活习惯，以为给动物把环境打扫干净，动物就会感到舒服，不会传染疾病。不料，没过几天，有的动物不吃东西了，有的死了。那位动物管理员大吃一惊! 后来才知道，动物和人不同，各有其独特的生活习性，有的需要在住处有自己的大便，有的要经常闻到自己的尿味才感到安全。那位动物管理员没抓住其中规律的“线头”，才好心办了错事。

科学的内涵有两个：事实和规律。科学和学术思想也有两个：探索未知和寻求规律。科学精神也有两个：实事求是和按规律办事。对广大青少年而言，我们认识世界和改造世界，最基本的任务就是寻找事物内在本质的必然联系，获得规律性的认识，并从中抽出一根“线头”来。至此，方能叩开发现和创造的大门。

一个人若没有一双善于发现问题的眼睛，就意味着思维的钝化和固步自封。

㊢㊍㊑㊒★★★★★

发现问题算成绩

上个世纪20年代初，美国福特公司一台巨型电机出了故障，怎么也修不好，最后只好请德国机电专家施坦敏茨“会诊”。施氏两天两夜呆在电机旁，这儿听听，那儿看看，还不时地计算着。最后施氏爬上电机顶部画上一条线，让修理工把电机打开，将画线地方的线圈减少16圈，果然机器故障排除。为此他向福特公司索要一万美元。有人说施氏要价太狠，施氏在付款单上写道：用粉笔画一条线，1美元，知道在哪里画线，9999美元。

施坦敏茨画一条线敢要一万美元，是不是狠了点?福特公司却不这样认为，他们的态度是“施坦敏茨在这样短的时间能找出问题，了不起，花一万美元值得。”

类似的例子还有这样一个。那是1921年，美国钢铁大王安德鲁·卡内基以100万美元年薪，聘请查理·斯瓦伯为该公司的第一任总裁。一天，斯瓦伯到一家钢产量落后的生产车间去巡视。他发现这儿管理松弛，也没有什么有效的激励机制。到了交接班时间，斯瓦伯问领班炼了几吨钢，答曰:“6吨。”他用粉笔在地上写了很大的“6”字，然后就不作声地离去了。

夜班工人接班后，看到“6”字好奇地问是什么意思。

日班工人说：“总裁今天来过了……。”次日，斯瓦伯又来到工厂，他看到昨天地上的“6”已经被夜班工人改写成了“7”。再后来，日夜班工人展开了生产竞赛。不久，该厂产量竟跃居公司所有钢铁厂之首。

钢铁大王卡内基听到这件事，对他的家人说：“这就是我为什么要花一百万美元的年薪聘请斯瓦伯的理由，他有一双善于发现问题的眼睛，这比什么都重要，因为未来的一切都是从发现今天的问题开始起步的。”

创新思维也是以发现问题作为起点的。在某种程度上也可以说“发现问题算成绩”。爱因斯坦说过，系统地提出一个问题，往往比解决这一问题重要得多，因为解决这个问题或许只需要数学计算或实验技巧。当年哥白尼看出了“地心说”的问题才有“日心说”的产生。爱因斯坦找出了牛顿力学的局限才诱发了“相对论”的思考。所有科学大师、思想家可以说都是“提出问题和发现问题的天才”。

一个人若没有一双善于发现问题的眼睛，就意味着思维的钝化和固步自封。因此，外国许多科研机构非常重视培养研究人员提出问题、发现问题的能力，常常拿出三分之一以上的时间训练其提出问题的技巧。施坦敏茨的那一根线，斯瓦伯写在地上的那个“6”字，看似信手拈来，随意为之，实则是一种发现问题的智慧积淀。要不然苹果落地这一司空见惯的现象，怎么独独引起了牛顿的思考呢！

发明也好，发现也好，创意也好，“善于听听不到的声音”，寻找潜在的发明方向和潜在的创意信息，是发明与发现者的可贵素质。

创新提示★★★★★

失败的野炊

300多年前，法国有一位名叫巴本的医生。巴本不仅热爱医生这个职业，而且还喜欢钻研物理学，常常动手做些小实验，也不时有些小小的发明。

一天，巴本医生带着一家人兴致勃勃地登上一座高山，准备野炊度过难忘的一天。

巴本太太开始生火做午餐了。她往锅里添上水，然后加进了土豆。过了一会儿，锅里的水沸腾了。巴本太太捞出一个土豆，让孩子先尝尝。小巴本连叫不好吃。巴本上前一尝，发现土豆没煮熟。巴本太太只好再煮，可是水明明沸腾了，土豆还是没有煮好。

野炊就这样在一家人的扫兴中结束。回去的路上，巴本太太抱怨声声。

难能可贵的是，爱动脑筋的巴本并没有放过这件事，而是对这件事进行了认真的思考和实验。后来巴本终于弄清了高山上土豆煮不熟的原因。原来，水并不都是100℃时沸腾，当气压降低时，水的沸点也会随之降低。

这时，巴本恍然大悟：“这么说，高山顶上气压低，水的沸点也低，因此水很容易沸腾，土豆也就煮不熟了。”

巴本就此并没有停下思考的脚步，他决定用人工的办法加大气压，使水的沸点升高。

于是，巴本动手做了一个密闭的锅。在不断加压的情况下，锅里气体的压强越来越大，水居然超过了100℃才沸腾。在高温高压之下，土豆一下子就煮熟了。

就这样，巴本发明了世界上第一个压力锅。

假若巴本在野炊失败后，听到太太的抱怨，只是叹息；假若巴本在发现了气压低沸点也低的原理后，停止思考，那么，压力锅的发明权恐怕是不会属于他的。

发明也好，发现也好，创意也好，“善于听听不到的声音”，寻找潜在的发明方向和潜在的创意信息，是发明与发现者的可贵素质。

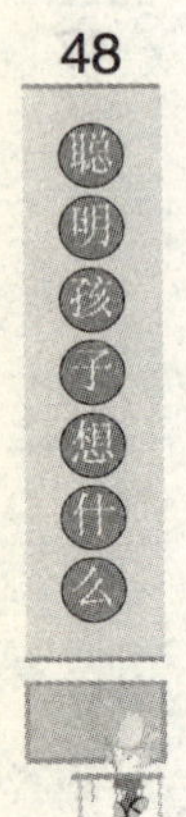

发明者要有“发现问题算成绩”的意识，随着一个又一个问题的发现和解决，走向成功的彼岸。

创新提示★★★★★

飞行员如何逃生

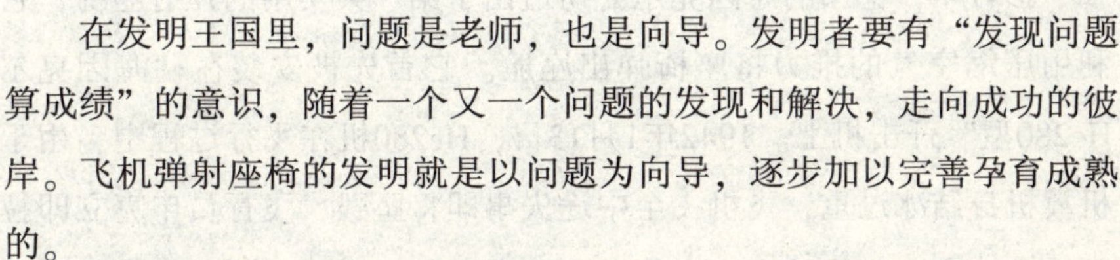

在发明王国里，问题是老师，也是向导。发明者要有“发现问题算成绩”的意识，随着一个又一个问题的发现和解决，走向成功的彼岸。飞机弹射座椅的发明就是以问题为向导，逐步加以完善孕育成熟的。

飞机在高空中飞行，难免有遇到意外情况需要紧急求生的时候，特别是在空战中，飞机受到损伤更是常见的事，因此，保证飞行员和机内人员的安全是不能不加考虑的。人们最早是采用降落伞从飞机上跳落下来，在第一次世界大战期间，各个国家都为他们的飞行员配备了降落伞。

可是到了第二次世界大战末期，在军用飞机上实现紧急跳伞变得日益困难，加上喷气式飞机的发明，大大提高了飞行速度，当飞机达到每小时400公里以上的速度时，在强大的迎面气流冲击下，飞行员难以完成拉开座舱盖，靠自己的体力爬出机舱向下跳去，再用手拉开降落伞上的拉环等一系列的动作。即使飞行员已爬出座舱，由于机速太快，跳出舱外的飞行员也有可能被气流吹到机尾上撞伤或撞死。人们意识到必须有一种特殊的装置，当飞机出事飞行员遇到紧急情况时，能立即将飞行员从座舱中紧急抛出来。

在考虑这一方案的可行性时，人们认识到，要达到使飞行员在一瞬间就能安全脱离飞机机舱的方法，最好是一按按钮，就立即将飞行员从座舱里弹射出去。这样才可以达到最快脱离危险的要求。但如果直接把人弹射出去，难以保证人在被弹射过程中不受伤害，再说也难以保证飞行员在被弹出机舱的瞬间，快速与他的座椅脱离。所以，最佳方案是设计出一种可以弹射的座椅，让飞行员连同座椅同时弹射出去。

这一设计思路带来设计上的许多创新。

首先遇到的问题是利用什么动力将弹射座椅从机舱里弹射出去。

1941年，德国的海因克尔公司造出了第一架实用的弹射座椅，它利用压缩空气的推力将座椅弹出座舱。它首先被安装在“海因克尔He280型”歼击机上。1942年1月13日，He280机在飞行过程中，由于机翼机身结冰过重，飞机飞至中途失事即将坠毁，飞行员申克立即拉闸，座椅在2370米的高空弹出，降落伞也随即顺利打开，申克安全地降落到地面。在实用过程中，人们觉得压缩空气产生的弹力还不够理想，有一位瑞典人想到，要使座椅能够像炮弹那样迅速地弹射出去，何不采用点燃火药的方法立即得到迅猛的推力呢?1943年7月30日试验了火药弹射装置，取得成功。

1944年，英国的詹姆斯·马丁接受了伦敦飞机生产管理处的聘请，也进行了这种可供飞行员在紧急情况下得以脱身并行之有效的弹射座椅的研制。

火药弹射座就这样取代了用压缩空气弹射的方法。在实践过程中也有不少改进。一般的装置是：在座椅后面垂直地装置有弹射枪，或火箭弹，或在座椅下面放置有火箭包。飞行员的座椅旁边有一锁闭的红色弹射手柄。遇到紧急情况时，拉动手柄，电动点火击发其中的火药，立即产生有很大推力的爆炸燃气，将弹射座椅弹出机舱。有的弹射座椅还能在离开机舱以后，自动启动火箭弹，进一步将座椅再向上弹射到100米的高度，以便飞行员安全越过飞机的垂直尾翼，也有利于飞行员在接近地面的紧急情况下进行弹射，以便有足够的高度打开降落伞。

为了保证在高速飞行的飞机中弹射出机舱时，避免受到高速气流的伤害，有的弹射座椅增加了面帘和四肢固定装置。飞行员在引爆弹射火箭弹的同时，拉下一个防护面帘，把头部保护起来。座椅上事先准备好的防护网、手臂防护挡板等都会自动放下，将飞行员紧紧地固定在座椅上。有了这样的装置，飞行员在每小时1000公里高速飞行的飞机上弹射出舱时，也能安全降落。

在弹射座椅下面，还安放着一些救生设备，当飞行员降落在一个意想不到的地方，比如说湖里或海里，那么，座椅下的救生衣能帮助飞行员安全地漂在水面上，有的还备有可自动充气的橡皮筏。救生器械中还有一种信号枪，它能发出求救信号引起寻找的飞机或船舶的注意，一般的保护性衣物、食物也都包括在那一系列的救生设备中。

弹射座椅和它附带的一系列防护措施的问世，使飞行员的安全有了保证。

留住“淘气的孩子”，像我们挽留客人，各人有各人的方法，你用哪种方法呢？

创新提示★★★★★

留住“淘气的孩子”

巴尔扎克的衣袋里，随时都可掏出一个小记录本、一支铅笔。一次他去海边游泳，仆人便把笔记本掏出来放在寓所里。谁知走到海边，巴尔扎克忽然有了灵感，当他习惯性地去摸笔和笔记本时，口袋却空空如也。仆人忽有所悟，表示赶快去取笔和本子。巴尔扎克弄清事情的原委后，对仆人说：“你知道今天你做了什么，你的过失使我丢掉了一篇小说的最精彩的构思……”仆人连忙认错，表示迅速去把东西拿回来，巴尔扎克更火了，说：“什么，你能保证‘淘气的孩子’一定会回来吗？”巴尔扎克习惯地把偶尔闪过脑海的灵感才思称为“淘气的孩子”。

说不定哪个瞬间，灵感女神便会款款而来，仆人的过失，让“淘气的孩子”走掉了着实可惜。要想避免类似的遗憾，巴尔扎克随身带一个小记录本、一支笔的做法，实在是留住“淘气的孩子”的一个好办法。

我国一位卓有建树的发明家，也有巴尔扎克类似的习惯，他的记事本和圆珠笔永不离身，晚上睡觉便把这两样东西掏出来放在床头上。一旦头脑中迸发一丝创意的火花，他就迅速地记录下来，这本称之为“创意速记本”的记录本成为他筛选和获取发明创意的“百宝囊”。他去食堂打饭，碰到一名同事正在发火，原来食堂的门锁页把同事的皮夹克撕裂了一个小口，于是他写下了发明门锁页的创意；冬天，由于穿着皮毛衣物过多，身体上产生的静电增多，和朋友握手时常有放电现象，他记下了发明防静电鞋的创意；一天，他梦见家乡的红枣排队来向他要漂亮的裙子穿，梦醒后，他写下了对大枣进行精包装，增值增效的建议……他的创意速记，有的多达几百字，有的仅有一句话，有的记下的仅仅是原始的一个意识，有的则是对灵感素材经过深思产生的成熟的创意。他说创意速记随手可记，有如儿童的储钱罐，过一段日子就给你一个惊喜。

在创造和思维的世界里，问题是老师、是机遇、是同行者。带着问题漂流，常常会把你引领到人生的高地。

㊋㊎㊏㊍★★★★★

带着问题漂流

李四光家乡的河道边，有一块巨石，由于硕大无朋，成为乡里小朋友攀爬玩耍的好去处。一天晚上，李四光爬上巨石躺在上面数星星，忽然想到大人们“星星落地为陨石”的说法，“我屁股下面的这块大石头是不是星星落下的陨石呢?”李四光忽然有了这样一个念头。

带着这个问题，李四光由小学升入了中学，最后离开家乡考进了北京大学地质专业。李四光最后终于弄清了家乡那块巨石的来龙去脉，那块巨石不是陨石，而是一块冰川漂砾。这个时候，李四光已成为北京大学地质系的高材生了。

李四光不止一次谈到他人生的选择和那块巨石的关系。他说，巨石是我人生碰到的第一个谜，带着这个谜我走进了地质世界。所以，我的第一位地质老师就是那块大石头。

在创造和思维的世界里，问题是老师、是机遇、是同行者。带着问题漂流，常常会把你引领到人生的高地。

人类幻想着有一天自己也能像鸟儿那样在天空中飞翔，这个问题伴随着人类一起长大。在中国汉代，有人把羽毛制成的翅膀缚在身上，然后从高处往下跳，结果向前滑翔了几百步远。在中世纪时期的英国，有人制造了一个巨大的风筝，并让他女儿坐在风筝上，然后用马车拖着风筝向前跑，跑着跑着，这架载人的风筝就飞上了天，带给人们一片欢呼。到了1783年，人们开始了热气球升天表演。当时用以升空的热气球直径约有30米，气球下吊了一个笼子，笼子里放了一只绵羊、一只公鸡和一只鸭子。几个月后又进行了气球载人飞行，那次表演获得了很大成功。这样，气球就成了第一个让人类实现飞向蓝天梦想的飞行器。

人类飞翔的梦想并没有就此止步。因为乘坐气球在空中飞行，是一项冒险活动。大家又梦想制造一种比较安全的飞行器。

1852年，有两个瑞士人设计了一种外形像鱼的飞行器，取名为飞艇。但是飞艇飞得极慢，并没有多大的实际意义。直到20世纪初，莱特兄弟发明的“飞行者”飞机在美国试飞成功，“飞行者”成功地升高3米，飞行时间12秒，飞行距离35米。这虽然是个很可怜的纪录，但它却是人类第一次在空中真正展开翅膀，人们从此不再羡慕空中的飞鸟，反而对他们不辞劳苦地南来北往表示同情。

在人类的持续努力下，航空航天技术飞速发展，跨入21世纪，人类制造的航天飞机，已经能够自由起飞，宇航员可以在太空工作几年的时间，但是人类仍不满足，又有人提出了建设太空城市的设想，让大众百姓也能跃上太空，饱览宇宙风光。

一位人才学家曾经说过这样的话：“凡是为人类贡献过创造之果的人，他们浑身上上下下的口袋里装的都是问题，他们的口袋几乎永远也没有空闲过，因为一个问题解决了，新的问题又被他们装进了口袋。”

你的口袋装满了问题吗?也许你的问题看起来荒诞不经，别人会嘲笑你，但这并不可怕，提不出问题才真正的可怕。和问题一起漂流，其乐无穷，大家一起来吧!

抓住问题，善于打破砂锅问到底，是一种培养创造性思维的重要方法。

创新提示★★★★★

追问

问题是思维和创造的母亲。

人，一般是遇到了问题，才会做深入细致的思考。抓住问题，善于打破砂锅问到底，是一种培养创造性思维的重要方法。

日本丰田汽车公司，就非常推崇“追问到底”。比如，公司的某台机器突然停了，抓住这个问题，就可以展开一系列的追问：

问：“机器为什么不转动了？”

答：“因为保险丝断了。”

问：“为什么保险丝会断？”

答：“因为超负荷而造成电流太大。”

问：“为什么会超负荷？”

答：“因为轴承枯涩不够润滑？”

问：“为什么轴承不够润滑？”

答：“因为油泵吸不上润滑油来？”

问：“为什么油泵吸不上油来？”

答：“因为油泵产生了严重磨损。”

问：“为什么油泵产生了严重磨损？”

答：“因为油泵未装过滤器而使铁屑混入。”

一问到此，问题的原因也就找到了。如此发问可谓环环紧扣，步步深入。

有位喜爱发明的小姑娘，看到爸爸脸色不好，就问妈妈:“爸爸为什么脸色不好?”妈妈说:“因为昨夜没有睡好。”“为什么没睡好?”“因为你爸爸一张珍贵的邮票找不到了。”“邮票为什么找不到了?”“因为你爸爸抽屉里放的东西太多太乱，可能不小心夹带在书里带出去丢掉了。”小姑娘弄清了事情的原委，就动了脑筋，经过几天的思考，帮爸爸设计了一个“抽屉保险柜”，就是在办公室抽屉里设置一个可放贵重物品的柜中柜，这样一些贵重物品就不会因疏忽等原因而丢失了。这样一个简单实用的小发明因小姑娘的好问而诞生了。

“打破砂锅问到底”，看似简单，其实并不容易。一个疑问出现了，有好奇心、思维敏锐的人，可能会眼睛一亮；思维迟钝的人，往往视而不见。再者，同样是追根问底，有的人可能会抓住问题的本质，连连设问，如层层剥笋，直至水落石出；有的人可能是东问西问，不着边际，结果是徘徊复徘徊，一无所获。朋友们不妨常常运用此法，抓住生活中常见的问题追问一下试试。

古往今来，需要都是创造的引信，某些特殊需求，使一个又一个发明和创意呱呱坠地。

创新提示★★★★★

需要是创造的引信

1969年7月20日，阿波罗11号宇宙飞船的登月舱在月球着陆。一位宇航员背负着繁重的设备，不慎撞断了登月舱启动器开关的塑料旋柄。启动器无法启动，宇航员就有可能永远留在月球上。

由于没携带任何修理工具，损坏的启动开关无法修复。束手无策的宇航员只好向地面指挥中心报告了这个意外情况。地面指挥中心闻听这个消息也震惊万分，大家的注意力都集中在如何启动那个开关上，这时一位宇航专家突然想到宇航员身上都带着一支特制圆珠笔。这种笔由硬合金制成，异常坚固，只要用笔管前端伸进启动开关内部，去拨动一个小小的金属体，就可把电路接通。经过实验，这个方法简单灵验，宇航员用此法真的启动了登月舱，缓缓飞离月球表面。

这支非同寻常的圆珠笔，可能是世界上最有纪念意义的圆珠笔了。一支圆珠笔不是用来写字，而是用于启动登月舱，若不是一场意外事故，恐怕最好的科幻作家也难以想像。

意外事故产生一种需要——启动登月舱的开关，需要随即成为创造的引信，圆珠笔被派上了新的用场。

古往今来，需要都是创造的引信，某些特殊需求，使一个又一个发明和创意呱呱坠地。

20世纪80年代的一天，一位年轻妈妈雨天骑车去接孩子，在回家的路上，孩子被裹在雨衣里，孩子又热又闷，哭闹着要出来，年轻妈妈产生了一种“需要”——一种雨天让大人孩子舒适的雨衣。这个念头尽管只是一闪之念，但当这位母亲后来带着孩子去动物园游玩，看见袋鼠妈妈袋囊里装着的小袋鼠探头探脑、活泼幸福的情景时，那个念头又重新浮上心头。受此启发，回到家里，她赶紧在一般雨衣的前襟开一条口，安上帽沿，制成了第一件“袋鼠式母子雨衣”。这种雨衣很快被厂家开发出来，顿时成为市场的畅销货。

倘若说上面这位年轻妈妈的发明是因需要偶然所得的话，范碧海同学的拔棉杆器则是有心插柳的结果。范碧海是江西省临川县河东中学初二年级的学生。他在校参加了发明创造小组，常常瞪着圆圆的小眼睛时刻在寻找着发明的题目。晴天，她跟父母去棉田拔棉杆，棉杆根系十分发达，拔起来非常吃力，干了不多会，她稚嫩的小手就磨起了血泡。“要是有一种拔棉杆的工具就好了。”她抓住了自己通过亲身劳动体验产生的一种“需要”，后来她经过多次实验终于发明了一种拔棉杆器，它类似羊角钉锤，作用原理类似钉锤拔钉子的杠杆作用。它由叉口、弯头、加强筋、手柄及支点铁杆脚等构成。拔棉杆时，将羊角叉口插入棉杆根部，把手柄往下压，棉杆立即被拔起。这种工具很受棉农的欢迎。

敢问才能敢想，敢想才能敢干。您的“第一问”是什么？

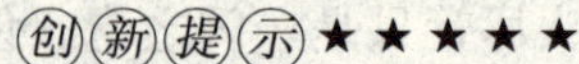

发明家的“第一问”

发明家是靠打破常规、向习惯挑战吃饭的。一位成绩卓著的发明家深有体会地说：“发明家天生就是疑问家。遇事敢问‘为什么非得是这样而不是那样’应该是发明家的第一问。”

此话可谓是发明王国的真理之言。

打针为什么非得用针头呢?美国加利福尼亚大学的研究人员发出了“第一问”，他们用超声波代替常规的注射针头，使涂在人体表皮外的凝胶状药物从细胞间的缝缭渗入血管，不仅实现了“无痛注射”，而且皮肤细胞没有遭到破坏。

书为什么非得用纸做呢?日本索尼公司发出了“第一问”，研制发明了可提式激光书库，这是一本无纸的书，它所用光盘的记录密度极大，一张9厘米直径的光盘可以记录5本大辞典的内容。

自行车为什么非得用链条呢?德国一家公司发出了“第一问”，他们利用万向轴，对一个五档变速器做了改进，从而发明了无链条自行车。

照相为什么非得用胶卷呢?美国柯达公司发出了“第一问”，在全球最先推出了一种数字相机，以与计算机储存数据相同的方式储存影像，可直接把影像输入网络，也可用计算机把影像直接放出来或者冲洗出来。

开刀为什么非得用手术刀呢?人们试着发出了“第一问”，人类试着用超声波治疗肾结石患者，不用开刀，将结石用超声波捣碎，然后排出体外。利用微型内窥钳可以把直径小于1毫米的导管插入体内，进行组织切除、血管修复、止血、缝合伤口、定位给药等而不用开刀。

靠着发明“第一问”实现的发明还可以举出许多。如无土栽培技术、不需暗室的显影术、两年内不用换水的养鱼法、不用洗又非常卫生的碗 (这种碗用多层塑料制成，用一次剥去一层)、不用水冲的厕所、不用充气的轮胎等。

在发明创造过程中，呼唤直觉，先不要问“为什么”也是极为重要的一个问题。

创新提示★★★★★

直觉

霍尔生于1855年，卒于1938年。他大学毕业后，在美国北部的缅因州当了两年中学教员。于1877年考入霍普金斯的研究生院，跟着罗兰教授攻读物理。在罗兰开设的课程中，麦克斯韦的《电磁学》被指定为教科书。在学习这本书的过程中，霍尔对麦克斯韦的一段论述产生了怀疑。

麦克斯韦在书中这样写道：在导线中流动的电流本身完全不受附近磁铁或其他电流的影响……

霍尔读书非常认真，极少为权威和书本所束缚。他读到上述那句话时，凭直觉感到似乎和普通的物理知识相矛盾。不久，他又读了瑞典物理学家埃德隆德教授的一篇文章，文中明确地假定：“电流受磁电的作用，恰如载流导线受磁铁的作用一样。”

在发现两个学术权威的论点不一致之后，霍尔更加相信自己的直觉。他又去请教罗兰教授，罗兰教授告诉他，他也曾怀疑过麦克斯韦论断的正确性，也曾经匆忙地做过一个实验，想来检验谁是谁非，可惜没有成功。罗兰教授鼓励霍尔想办法解开这个谜。

霍尔全身心地投入到新的实验中，终于发现通过金箔条的电流在磁场里产生一个电势，其方向与电流和磁场垂直。这一发现就是今天有名的“霍尔效应”。当时霍尔将此发现公布于世时年仅24岁。新闻界将霍尔的成功誉为“过去50年中电学方面最重要的发现”。当记者问霍尔当年为什么怀疑麦克斯韦的论断时，霍尔说，先不要问“为什么”，直觉是不管“为什么”的。

英国物理学家卢瑟福也有类似的经历。

卢瑟福在思考α射线的本质时，有一天，忽然想到，如果α射线的本质是氦原子核流的话，它的性质便很容易说明。虽然已是深夜，他却立即抓起电话，叫醒了他的助手索第，一口气把自己的想法告诉了他。深更半夜索第被喊了起来，电话里传来的又是个没头没脑的设想，使索第有点不高兴，于是他反问:“为什么?”卢瑟福的回答却是:“理由嘛，还没有，只是个感觉。”

后来，通过实验，证明卢瑟福所感觉的确是真理，由此卢瑟福建立了他的理论体系（1902年)，去说明他感觉出来的真理。1908年，卢瑟福因此获得了诺贝尔奖。

在创造的过程中，结论和发明的事物常常是以“灵感”的形式首先凭空闪现在创造者的脑海中，发明发现往往是结构或设想在先，而理论或实际做法是后补上去的。

科学史上不少科学家本来已经在敲真理的大门，但是，他们缺乏自信心，缺乏向权威挑战的勇气，结果半步之差，不得入内，造成了千古憾事。

创新提示★★★★★

2 + 2 = ?

英国哲学家罗素有一次来中国讲学，听讲的多数是社会科学工作者。罗素登上讲台，首先在黑板上写上"2+2=?"并请听报告的人回答。虽然这个问题的答案连一年级的小学生都能脱口而出，但是台下的听众却没有人冒然回答。大家想的是罗素这样的大家不会提出这么简单的问题，这个数学公式必然蕴含着深刻的哲学原理。

当罗素让讲台下一位听众说出自己的看法时，那位科学工作者面红耳赤，支支吾吾答不上来。罗素见状笑着说，这有什么难的，2加2不就等于4吗？

罗素作为一位崇尚创新的大哲学家对中国学者这场考试，恐怕不是故弄玄虚。此举的深意是告诉人们：过分崇尚权威会使人失之于迷信，从而束缚人的思想，扼杀人的智慧。

科学无禁区，这是科学发现的规律。1930年的一天，没有上过大学的年轻人华罗庚，忽然从一本杂志上看到一篇论文，作者是当时著名的数学家苏家驹。论文讲述的是五次方程的解法。华罗庚读过后看出了问题，并对此进行了准确的推理和运算，真的得到了和苏教授的论文完全相反的结论。为了慎重，年轻的华罗庚进行了反复的验算，

最后认定了自己的结论是正确的。于是，他主动把这一成果写成论文投给了《科学》杂志，论文很快地发表出来，当即在数学界引起了轰动。

华罗庚的可贵之处，在于他在权威面前，不但不迷信，而且敢于向权威挑战。我们知道，真理都是相对的，科学发现和发明由于受条件的局限，也可能出现谬误。权威作为一个时期的学科带头人，他提出的观点，做出的某种研究结论，也不可能个个正确。在科学发展史上，不少年轻人就是推翻或者完善、修正了前人的结论，而独树一帜，推动了科学事业的发展。这种例子是不胜枚举的。如人们对天体现象的观察和研究，是渐进式发展的。到16世纪，波兰伟大的科学家哥白尼提出了“太阳中心论”，纠正了统治欧洲1000多年的托勒密的“地球中心论”的错误。科学发展到今天，现代科学家又推翻了哥白尼的“太阳中心论”。目前关于宇宙和天体的认识还在不断深化。

科学史上不少科学家本来已经在敲真理的大门，但是，他们缺乏自信心，缺乏向权威挑战的勇气，结果半步之差，不得入内，造成了千古憾事。这方面，施特拉斯曼算是一个典型。1936年，施特拉斯曼在用中子照射铁时，已经发现了裂变现象，但是他迷信物理学家梅特纳的权威，毫不思索地将这一发现扔进了纸篓里。后来当哈恩发现铀核裂变反应时，施特拉斯曼才真正感到，科学研究永远匍匐在权威的脚下是没有前途的。

伟大的发明家也有缺点，后人应该从他们的阴影里踏出一条路来。

创新提示★★★★★

巨人的阴影

闻名世界的“蒸汽机大王”瓦特有一个得力助手，他的名字叫威廉·默多克。

默多克生于英国的一个偏僻的乡村里。一天，他在伯明翰附近的一个商店看见瓦特蒸汽机，就被这种机器吸引上了。于是他投靠到瓦特门下，当了瓦特的助手。

默克多勤奋好学，爱动脑子，很快就通晓了蒸汽机的理论，掌握了制造和修理蒸汽机的技术。瓦特对这位年轻的助手十分信任，不久就把他派往康沃尔矿区，负责安装和维修矿山使用的瓦特蒸汽机。康沃尔矿区当时是使用瓦特蒸汽机的大户，这个位置是很重要的，当时默多克仅25岁。

默多克来到康沃尔矿区后，住在一个叫雷德卢思的镇子里。工作之余，他就搞一些小发明。想起瓦特曾经说过，蒸汽机可以用作交通运输的动力，他就琢磨:“我能不能实现这一想法呢?”于是，他开始研制能够在路上行驶的蒸汽机车。

一晃5年过去，1784年，默多克设计制作了一个蒸汽机车的模型。这个模型长50公分，高35公分，前面装一个车轮，后面装两个。用酒精加热铜制锅炉中的水，使蒸汽进入直径为2公分、冲程5公分的汽缸，带动活塞，使车轮转动。

起初，他在家里试验。一点火，蒸汽车就开始满屋子跑。家里的地方太小，蒸汽车跑起来受限制，他就到屋外试车。

默多克不慌不忙给锅炉点着火，很快机车就起动了，向前行驶。不一会，机车就像离了弦的箭，呼啸着向前猛驶。速度之快，令默多克措手不及。他在后面全力追赶，但是，由于天黑，很快就看不到机车影子了。

事不凑巧，一个牧师刚从教堂里走出来，有事要到镇上去。他走着走着，突然从黑暗中，看到一个什么东西喷着火焰，发着呼哧呼哧的声音，飞快地向他冲来。牧师以为受到魔鬼的袭击，顿时吓瘫了，拼命呼喊："救命啊，救命！……"

第二天，这件事不胫而走，闹得满城风雨，人人谈"车"色变。有些人又从中添油加醋，更使镇上的人惶惶不安。

矿区老板得知此事后，大发雷霆。他对默多克说："我们矿上不需要这种吓人机车，它会给人带来恐慌和灾难，你赶快停止吧！"

为了制止默多克再去研制那吓人"怪物"，老板给了他加倍的工作量作为惩罚。

住在伯明翰的瓦特听说默多克热衷于研究蒸汽机车，忧心忡忡。他焦急地对他的合伙人波尔顿说："默多克不务正业，把时间用在机车上，就会影响他的工作的。"

"是呀，康沃尔矿区是我们的老主顾，这样下去，会影响我们蒸汽机的声誉。"波尔顿也担心。

"前几年，我也想发明机车，结果没有成功，他怎么能搞成呢？这样做，是白浪费时间。默多克也不掂量掂量自己……"

"先生，请您赶快到康尔沃去一趟，劝他不要搞机车，重要的是把矿上的蒸汽机安装好、维护好。"

波尔顿立即启程前往康尔沃。途中，与默多克不期而遇。

“默多克先生，您到哪里去?”

“噢，波尔顿先生，我准备到伦敦去申请专利。”

“什么专利?”

“我发明了蒸汽机车，”说着用手指了指他带来的东西，“这是我做的蒸汽机车模型，以后我们就可以乘坐蒸汽机车拉的车子了。”

“没那么简单吧!”波尔顿严肃地说,“瓦特先生都没有搞成功，你难道比他强?”

默多克有些不安了。停了一会说:“可我做的模型已试验成功了。”

“光是模型还不够，到实用成功还差得远哩! 瓦特先生从做出蒸汽机模型到成功花了十几年，这个，你懂吗?”

“我已经研制了好几年，总不能半途而废!”

“这没什么，当务之急是扩大瓦特蒸汽机的销路，你搞好矿区的工作，商会是不会亏待你的。”他见默多克不点头，又说,“这是瓦特的意思。你难道连他的话也不听了?你非要去，那好，以后不准你进商会的门，咱们可是恩断义绝!”

瓦特和波尔顿是商会的老板。听了波尔顿这一席话，默多克的脑子里激烈斗争起来。最后，他咬牙说:“好吧，那我不去伦敦了。”

“这说对了，”波尔顿高兴地说,“瓦特先生听了一定会很高兴。”

就这样，默多克放弃了蒸汽机车的研究，返回了康尔沃。如果不是瓦特阻挠，默多克继续研究，那么，火车的发明者就可能不是特里维雪克和斯蒂芬逊。瓦特培养了默多克，又压制了默多克，用中国古语来说，这就是“成也萧何，败也萧何”。

这件事对默多克打击很大，但是，不多久，他又重新振作起来，开始研究另一个课题——煤气灯，终于获得成功。

继承默多克的事业，从事蒸汽机车研究的也是一位英国人。

理查德·特里维雪克生于康沃尔郡的依诺岗，父亲是最先安装瓦特蒸汽机的。后来他成了矿山一名蒸汽机泵技师。

特里维雪克开始寻找提高蒸汽机效率的办法。他想：增加蒸汽的压力，能不能解决这个问题呢?他查阅了许多资料，发现萨弗里的“矿工之友”蒸汽真空泵曾使用过高压蒸汽。

“为什么当时失败了呢?”他有点不明白，但他认真一思索，就明白过来了：原来是当时的容器承受不了巨大的压力。一个世纪之前，还不具备制造这种耐高压容器的技术，而现在，冶金技术、机器制造技术都已经大大进步了。

特里维雪克很快就设计制造了一台高压蒸汽机，马力果然提高了很多。

瓦特听说特里维雪克发明了高压蒸汽机，一肚子不高兴，宣称“这种机器是不安全的，也是没有必要的。”

此时的瓦特已完全变了，他沉醉于荣誉、金钱、地位和权力，经常以权威的身份去压制别人的发明。人们当然听瓦特的，特里维雪克的高压蒸汽机就没有人理睬了。

高压蒸汽机是火车头的关键部件。火车头、汽船等交通工具和大型机械都必须以高压蒸汽机为动力。特维雪克不会推销和宣传自己发明的东西，在这方面，他的能力极差，但是他却会利用自己的发明去实现“马车不用马拉”的理想。

特里维雪克小时候看到马拉着沉重的煤车在公路上行驶，十分怜悯和同情马。他问父亲：“蒸汽机能抽水，为什么不能拉车?”

现在他开始动手了，要把自己发明的高压蒸汽机用在交通工具上。他苦心钻研，反复试验。1801年圣诞节前夕，特里维雪克制成了能够在公路上行驶的载人蒸汽机车。

1803年，特里维雪克制造了第二台蒸汽机车，并在伦敦公展，引起很大轰动。

1812年在伦敦工业展览会上，后来被人们誉为“铁路之父”的斯蒂芬逊才第一次看到特里维雪克制造的机车模型。这当然是后话了。

从默多克到特里雪维克，他们为火车的发明所作的贡献是不言而喻的，可惜的是他们却被一位巨人——瓦特阻碍了前进的脚步。这就是巨人的阴影，尽管这段小插曲不能抹杀瓦特的历史性贡献，但通过这段史实我们可以获得这样的启示：伟大的发明家身上也有缺点，后人应该从他们的阴影里踏出一条路来。

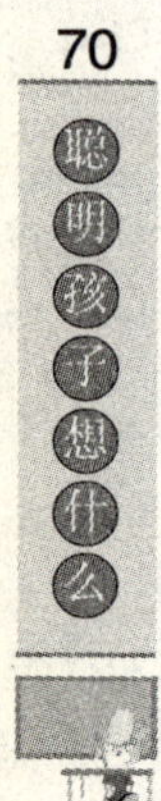

迷信常识使人们的思维变得懒惰而迟滞。创造性思维的一大特征就是对一切现成的概念，包括常识之类都爱打上一个问号，对熟悉的东西不是确信而是审视。

创新提示★★★★★

常识未必真确

“蔚蓝色的天空万里无云”这样的句子不知在文学读物中出现了多少次，使人们误认为天空是蓝色的。其实天空本来没有颜色。阳光含有彩虹的所有色彩，它穿过大气层时，受到浮在空中的亿万微粒的散射。蓝色光波较短，比光波较长的红色或黄色更容易散射，所以天空出现一片蓝色。

有很多人以为鱼不会淹死。假若“淹死”是指在水中窒息而死，只要水中没有足够的氧气，鱼就难有活路。

还有鸳鸯，多年来人们把鸳鸯视为生死不渝的爱情的象征。实则不然，别看一双鸳鸯形影不离，但并非生死不渝，如果有一方死掉，另一方还会再寻新欢。真正对爱情生死不渝的，乃是斑头雁。它们中有一方死去，另一方就绝不再找异性伴侣，甚至连窝也不做，而是在凄惶的流浪生活中打发掉它的余年。

类似这种常识性的错误，甚至出现在某些出版物中。如前些年有一本正式出版的动物图鉴，里面赫然印着“狮子不能上树”的话。这大约是从兽中之王的老虎不能上树类推出来的结论，以为另一种兽中之王的狮子，也爬不上树去。殊不知，狮子不但能上树，上树的本领一点不比敏捷的豹子逊色。一棵大树的横七竖八的枝杈上，常常睡着好几头巨狮，尤其是非洲的狮子更善爬树，因为非洲的蚊蝇来势凶猛，只有爬到树上才会避开那可怕的叮咬。

迷信常识使人们的思维变得懒惰而迟滞。创造性思维的一大特征就是对一切现成的概念，包括常识之类都爱打上一个问号，对熟悉的东西不是确信而是审视。几百年前，地球是宇宙的中心，也是一种常识，后来，科技先驱们对这一常识提出怀疑，于是人类对宇宙天体的认识有了新的飞跃。

请记住：常识未必真确。

要想发现别人没有发现的秘密，揭开他人不能揭开的秘密，没有一点“疯”的精神是不行的。

㊢㊍㊟㊡★★★★★

危险的实验

现在，外科医生在对先天性心脏病人进行手术之前，都要给病人做一次“心导管检查”。也就是从病人切开的肘窝静脉里慢慢地送进一条细长的管子，一直插到病人的心脏为止。这种检查现在已是很普通的手术，但在几十年前却是尖端。

1929年，年仅25岁的德国医生福尔斯曼恩公开宣布要在自己身上进行这项惊人的心导管实验，周围的医生和护士都以为他“疯”了，其实福尔斯曼恩是个富有科学献身精神的人，并非冒失从事。他曾把一根细橡皮管通过肘窝静脉插进死去不久的病人的心脏里进行试验，成功以后，便决定在自己身上实验一次，以验证临床应用的可能性。

第一次实验失败了。因为助手不敢再继续下去，在实验中途逃跑了。他们担心出了人命事故，自己负不起责任。

几天之后，福尔斯曼恩又进行第二次实验。找不到助手帮忙，他就自己一个人动手做，只请了一位护士在旁照料。他通过镜子看X线荧光屏，不断地观察导管深入的位置。胆量过人的福尔斯曼恩把导管插入自己血管内达50.8厘米时，他高兴的发现导管的尖端已进入了自己的右心房。他突然想到，除非留下X光照片，否则谁也不会相信他真的已把导管插入过心脏。但是，他实验的地方没有X光拍片装置。

为了忠实记录下这一实验结果，以说服世人大胆推广这一检查技术，他冒着生命危险带着已插入心脏的导管，走过一个长廊，慢慢地上了两层楼，到X光摄片室里拍下了世界上第一张心导管照片。福尔斯曼恩将照片及有关此项实验的论文发表在一个不大出名的杂志上，可惜一直没有引起人们的注意。

几年以后，两个美国人库尔纳德和里查德重复进行了心导管实验，确认了心导管是心脏外科手术前必须进行的一项诊断技术，福尔斯曼恩和他的心导管技术才为全世界所知晓。为了表彰他们三人的功绩，诺贝尔奖评委会将1956年生理学和医学奖授予了他们。

福尔斯曼恩敢于在自己身上做导管插进心脏的实验，以致吓退了助手，在常人看来，他确实有点“疯”了，但福尔斯曼恩的“疯”是植根于科学研究和试验的基础上，打的是一场“有准备”之仗，与那种蛮干、疯闯有本质的区别。中国杂交水稻之父袁隆平，当年开始研究杂交水稻的时候，也被人视为“疯子”。因为按照水稻培育理论，杂交稻是不可能研究成功的。袁隆平不迷信权威，敢于挑战被公认的理论。袁隆平也成功了。

骨头太大，肉是不容易啃光的；把骨头分离，一块一块去啃，既方便又容易。您不妨找一个问题分解一下试试，您会觉得自己的创造能力提高了许多。

创新提示★★★★★

“化整为零”的技巧

由于偶然的机会，砂子进入贝壳内，贝才从薄膜分泌出粘液，将砂子包住，从而形成珍珠。技术人员据此产生了“人工培植珍珠”的创意。他们把砂子放进贝里，贝很容易死去，试验失败了。

为了利于进一步实验，研究人员采取了“化整为零”的思考方法，对问题进行了分解。(1) 如何使贝张开口？(2) 放进砂子之后贝容易死掉，能否用贝肉将贝壳碎粒裹住放入？(3) 把贝肉裹着的贝壳碎粒放在什么地方？(4) 放进后如何养殖?最后，技术人员各个击破，终于取得了实验的成功。

分析目标贯穿于整个创造活动中，还可以自我提问:“这个东西和什么东西相似?”“这个和那一个在哪一点上有共同点呢?”“它的成分是什么呢?”或者提出相反的问题:“什么地方不像，不同点在哪里?”

李川同学是一位发明爱好者。有一次，两位老大爷拖着板车到学校收废旧书报，他看到两位老人拖着板车刚出校门不远，那花费了老人许多气力才打好的捆，很大一部分就松散了，两位老人只得边走边捡。李川想到了为收报人发明专用打捆夹具的点子。究竟这个专用打捆夹具是什么样子?从哪儿做起?他起初也理不出个头绪。在老师的指导下，他运用“化整为零”的思维技巧，对自己的发明设想进行了分解。李川是这样分解的：A、必须使用方便、收放自如；B、必须结构简单，以降低造价；C、必须美观漂亮……问题一一分解后，他的思维又集中在这种打捆夹具的结构选择上，进行了再次分解。他首先试用电动挤压的方法，采用这个方法，不仅结构复杂，而且造价高，他放弃了。后来他又设想使用脚踏加压的方法，还试用过杠杆与弹簧的连结构……但这些方法太累赘，实用性不强，被一一否定了。

一个星期天的下午，李川在学校的建筑工地上，看到了工人使用砖夹搬砖的情形，那种砖夹是用两根钢筋做成的，简单好用，他借鉴这一原理，经过改进，发明了“书报、杂志打捆夹”，获得了全国第九届发明展览会的铜奖。

李川通过思维的分分合合，各个击破，终于到达了胜利的彼岸。

第三辑

解读生命的密码

“见异思迁”现象是创造性思维的一种重要方法，即目标转换法，就是要求能够随着情况的变化，及时改变预定目标，从而有所发现、有所创造。

创新提示★★★★★

雷达的由来

1897年，俄国科学家波波夫在波罗的海的两艘军舰上进行无线电通讯试验时，通讯突然中断了，几分钟后又恢复了正常。这种现象后来又连续几次出现，起初波波夫以为是机器故障，经检查，他排除了这一可能性。

波波夫凭着一个科学家的敏感，立刻觉得这里面大有文章。他把手头正在进行的通讯试验停了下来。

波波夫首先观察了周围的环境情况。他发现，每当一艘轮船通过参与通讯试验的两艘军舰之间时，通讯就中断，等船驶过之后，两舰之间的通讯便又恢复了正常。

波波夫由此断定，就是这只船在经过两舰之间时挡住无线电波。进而他设想可以利用电波探测海上目标。

美国科学家根据波波夫的设想，在海上航道两侧安装了电磁波发射机和接收机，当有船只经过时，通过电波的异常波动就可以测出船的方位。1935年，英国著名的物理学家沃特森·瓦特在此基础上，制造出了世界上第一台雷达。

发明和创造，需要确定一个主攻目标，然后围绕这个目标进行一系列的观察研究和实验工作。但是如果在研究过程中发现了意外的与计划目标不一致的异常现象，就应该主动地产生疑问，像波波夫那样立即考虑是否“见异思迁”。这种“见异思迁”现象也是创造性思维的一种重要方法，即目标转换法，就是要求能够随着情况的变化，及时改变预定目标，从而有所发现、有所创造。

这类“见异思迁”、“种豆得瓜”的经历并非波波夫一人才有。20世纪60年代，美国一个农业科学研究小组把研究促进植物生长的细菌群作为课题展开了工作。在观察与实验中，他们意外地发现了有一种物质能够阻碍杂草的生长。他们抓住这一线索，“见异思迁”，及时转换了研究课题：研究除草剂。很快，他们的研究取得了成功，一种高效农用除草剂被发明出来了。这项科研成果的产生，对现代农业化学除草技术的发展起了重要的先导作用。

科学发明是一项复杂的系统工程。既定研究目标能够达到，是一件可喜可贺的好事。一旦在研究中出现意外情况，然后实现研究目标的转换并获得新的创造，同样是可喜的。因此，我们要强化对异常情况价值的认识，视异常情况为机遇，并善于择机而断，确定新的研究方向。

任何一项创新发明都不是一蹴而就的，必须保持足够的耐心与恒心，期望三下五除二就能将一件事搞定的想法是要不得的。

创新提示★★★★★

铅笔成长史

16世纪中叶的一个夏天，一场狂风暴雨袭击了苏格兰边境的博罗戴尔山谷一带。风暴所过之处，山地被冲得沟壑纵横，很多大树被刮倒，有些甚至被连根拔起。

风暴过后，天气转晴，一个牧羊人赶着羊群到山上放牧。他吆喝着羊群，惊讶地打量着这片经过疾风骤雨洗礼的土地。突然，一棵翻倒的大树下，一片黑乎乎的东西映入牧羊人的眼帘。这是什么东西?出于好奇，牧羊人跳到坑里，用手摸那东西，他的手立刻被涂得乌黑，怎么擦也擦不掉。他用指甲划一划，上面竟出现了一道深深的划痕。牧羊人心想：这种又黑又软的“石头”可从来没有见过。这东西有什么用呢?牧羊人灵机一动，就用这东西在羊身上做出各种各样的记号。这样，以后再也不用担心羊会丢了。他还挖了很多这种东西带回家，用它在墙上、地上、纸上涂写。后来这种东西很快在当地传开，当时人们都不知道这东西是什么，因为它能像铅一样使接触到的东西变黑，大家就称它为“黑铅”。

这种黑铅就是石墨，牧羊人发现了一处石墨矿——英国有史以来最纯粹的一处石墨矿。石墨一出现，立刻引起精明商人的注意。当时，英国的贸易比较发达，商人做买卖时需要在货物包装袋上标号码、写字，但一直苦于没有理想的书写工具，石墨优良的性能正好合适。于是，商人就把它们切成细条状，在伦敦街头作为“打印石”出售。一时间,“打印石”生意火得不得了，不仅销往全国各地，还被整船整船地运送到欧美大陆。

这就是人类历史上最早的“铅笔”的萌芽。不过，当时人们并不叫它铅笔。后来英国人才使用了“铅笔”一词，它是由罗马人所说的“小尾巴”演化而来的。石墨切成细条做成的“铅笔”的缺点是很明显的：污手和易断，而且笔迹颜色太深。如何克服这些缺陷呢?许多专家耗尽心血，也没有找到一个好办法。

直到18世纪，德国科学家法贝尔才攻克了这个难关。法贝尔认为，要改良石墨，必须将石墨碾成粉末，然后将他和某种物质粘合在一起，才能达到目的。他反复试验，最后发现在石墨中掺进一定量的硫磺锑和松香，经过加热凝固，就能得到改良的石墨。这种改良石墨硬度合适，书写流畅，字迹清晰，且不易弄脏手。他又用纸条裹绕笔芯，于是，一种新式的铅笔出现了。1760年，法贝尔筹资建起了铅笔工厂，大量生产铅笔，产品销往许多国家。

1789年法国资产阶级大革命的爆发使“铅笔”得到进一步的发展。在此之前，法国使用的铅笔都靠从英国、德国进口。法国资产阶级大革命爆发后，英、德先后与法国断绝往来使得法国得不到“铅笔”。拿破仑请著名发明家兼化学家雅克·孔特研制“法国式铅笔”。由于法国石墨质量差、数量少，孔特只好掺入黏土与石墨粉压成条形并在窑内烘干焙烧。结果发现烧出来的铅笔不但坚硬耐用，而且可根据掺入黏土量的不同来控制划线颜色的深浅。他还在外面包上松雪木，这是现代铅笔的雏形。这种铅笔很快就开始风靡全世界。

然而，无论是法贝尔还是孔特的铅笔，都存在易折断的毛病。后来，还是美国马萨诸塞州康考德镇做家具的木匠威廉·门罗从根本上解决了这一问题。

美国式铅笔和法国一样，也诞生于战争。1775年，北美独立战争爆发后，英国政府下令对美国实行禁运政策，原本来自英国的铅笔贸易通道中断了。美国打算自己生产铅笔，可美国石墨比法国的质量更差，无论掺入什么物质都无法与当时制造的粗糙木壳粘在一起。

1812年，心灵手巧的木匠门罗用一台简单的机器生产出2英寸至7英寸的细木条，木条中间用机器挖出一条凹槽，然后把与凹槽一样粗细的石墨条放在槽内，露出的一半石墨再用另一根有同样凹槽的木条涂胶后盖上粘合。这样，门罗轻轻松松地给铅笔穿上了木头外衣。由于这种铅笔价廉、使用方便、便于携带，所以为“工业革命”后产生的大批坐办公室的“白领”喜爱。美国也一跃成为世界第一大铅笔出口国。美国制铅笔的木料多来自加利福尼亚州高山上的杉树。这种木材纹理直、质地一致、相当松软，易精确加工、上色上蜡，使用也很方便。

历经两百多年的时间，铅笔不断得到改进和发展，种类和式样也越来越繁多，形成了庞大的铅笔家族。有活动铅笔、彩色铅笔、立体铅笔等等。如今，铅笔仍是我们重要的书写工具之一。

一支并不复杂的铅笔，如果从它“出生”时算起，到如今“长大成人”，大约有250年之久。它每一个小小的进步都来之不易，而这全来自人类的集体智慧和长期努力。

对绝大多数人来说，先钻透一块“薄板”，选择一个正确的目标，对铸造人生的辉煌，有着莫大的意义。

㊋㊌㊍㊎★★★★★

先钻透一块“薄板”

有的伐木工人每天开工前，是从先伐一棵较小的树开始的。杂枝演员在表演高难动作以前，总是先易后难，以博得观众的满堂喝彩，把表演逐步引向高潮。

从事创造性劳动，最好先钻透一块“薄板”，从中寻找怡情的乐趣，获得成功的心理体验，并把它作为继续进取的“跳板”，去迎接更大的挑战。

先钻透一块“薄板”，在某种程度上是对目标的一种选择。有一名日本马拉松运动员，最早参赛把终点线作为惟一的目标，往往刚跑出十几公里就疲惫不堪了。后来他听从一位专家的建议，每次比赛之前，他都要乘车沿比赛路线看一遍，并把沿途比较醒目的标志物画下来。比如，第一个标志物是一家百货大楼，第二个是医院，第三个是一座雕塑……这样一直画到赛程的终点。比赛开始后，他首先奋力冲击第一个目标，在规定时间内到达后，又向第二个目标逼进……这样40多公里的马拉松赛程，随着许多小目标的实现而胜利走向终点。有人向他讨教创造马拉松纪录的秘诀，他说:“把一个目标变成十个目标，你就会变得强大而充满自信。”

目标的重要在下面这个例子中可能显现得更为分明。弗罗伦丝·查德威克立志要做第一个游过英吉利海峡的第一个妇女。1952年7月4日清晨，弗罗伦丝·查德威克下水向对岸游去。15个钟头后，她又累又冻得发麻，只好叫人拉她上船，当时，她的母亲和教练在另一条船上，他们都告诉她海岸很近了，叫她不要放弃。但她朝对面海岸望去，除了浓雾什么也看不到，实际上，人们拉她上船的地方，离海岸只有半英里！后来她说，令她半途而废的不是疲劳，也不是寒冷，而是她在浓雾中看不到目标，她一生中只有这次没有坚持到底。两个月后，她成功地游过同一个海峡。她不但是第一位游过卡塔林纳海峡的女性，而且比男子的纪录还快了大约两个钟头。

当然，在创造实践中，也有人另走一端，他们偏好先啃“硬骨头”。曹雪芹用毕生精力写了一部大书，他一次就把人生的横杆置放到了顶点上。尽管如此，我们还是相信，对绝大多数人来说，先钻透一块“薄板”，选择一个正确的目标，对铸造人生的辉煌，有着莫大的意义。

显而易见，坐等幸运降临只是世上极少数宠儿的美事，要想大踏步步入科学发展与发明的王国，心须认真倾听幸运的敲门声，抓住机会，释疑解难，方能心想事成。

创新提示★★★★★

倾听幸运的敲门声

发明和发现像个精灵，有人为了捕捉她的踪迹，苦思冥想，食不甘味，却难有一遇。让人不解的是，"无心插柳柳成荫"，一些幸运儿却等来了创造之神的敲门声。

美国的海曼曾是一位卖不出画的画家。他画素描时，经常为寻找橡皮苦恼。于是海曼想出一个主意，设法在铅笔的尾部装一块小的橡皮。起初，海曼用线将橡皮绑在铅笔上，后来决定用软铁片将其固定。海曼的亲友见此情景后，即建议海曼申请专利，后来该专利又以55万美元卖给了铅笔公司，获得了成功。此事发生在1860年。

倘若海曼的发明是从漫不经心中信手拈来，下面这位床罩的发明者则是于急不可奈中急中生智。这件事发生在14世纪的法国。主人公是一个红脸颊的、满脸雀斑和害羞的姑娘，名叫迪迪，她和丈夫度过新婚之夜后才发现，丈夫有遗尿的毛病——他把婚床和被褥变成了尿布。这时祝贺婚礼的客人已在门外大声笑闹，捶打木门，更换被褥已经没有时间。迪迪望着神情沮丧的丈夫，忽然灵机一动，从衣橱里取出一张床单，迅速铺在潮湿臊臭的被褥上，然后开门迎客。其中一名来客指着床单惊奇地叫道:“多奇怪的布置呀，这洁白的‘床罩’! 它一定是巴黎上流社会的最新玩意儿吧?”新娘不置可否，但一种崭新的铺床法迅速在法国各地传播开来。三年后，法国宫廷正式把“床罩”载入了“宫廷起居事典”。

幸运! 幸运! 我们为什么没有?有的朋友可能会发出这样的感叹。是的，我们不可能再有带橡皮的铅笔和床罩的发明，但我们需要讨论的是世上肯定不止有一个人感受过水的浮力，看到过苹果落地，为什么偏偏只有阿基米得从浴盆中获得了灵感，而发现了浮力定律?苹果落在牛顿的身上，也是一种幸运，或者说是一种偶然，因为幸运仅仅是一个苹果的馈赠，而牛顿却因对地球引力的发现，而带来了物理学上的一场革命。

显而易见，坐等幸运降临只是世上极少数宠儿的美事，要想大踏步步入科学发展与发明的王国，心须认真倾听幸运的敲门声，抓住机会，释疑解难，方能心想事成。

这里不妨再重温一下英国科学家波义耳发明酸碱指示剂的故事。波义耳很偶然地拿了一朵紫罗兰花，花朵很偶然地浅上了酸液，他又很偶然地把花朵放到了清水盆中，又很偶然地注意到花朵颜色的变化。从这一系列的偶然来看，幸运确实来敲了波义耳的门，但假设波义耳不以为然，那朵溅上盐酸的鲜花早就被人遗忘了；假设后来波义耳不穷根究底，我们今天广为使用的酸碱指示剂还不知什么时候发明出来呢?

"想法"是火种，是方向，切莫忽视自己头脑中各类发明的念头、想法啊!

创新提示★★★★★

从白炽灯到日光灯

1879年，美国著名的科学家爱迪生发明了白炽灯，结束了人类"黑暗"的历史。人们在欢呼、庆祝这一伟大发明的时候，富有远见的科学家已经看到了白炽灯明显的不足之处：它只利用了电能的10%—20%，其余的80%—90%的电能以热损耗的形式被浪费掉。

"白炽灯靠电流加热，使热能转换为光能，这种电能利用形式太浪费电能了，能不能开辟一条电能利用的新途径呢?"有的科学家提出了新的想法。

美国的黑维特就是持这种想法的科学家之一。在实验室里，他将耐热玻璃制成灯管，抽出灯管内的空气。然后往灯管内充入各种金属和气体，反复进行比较。

1902年，黑维特发明了水银灯。这种水银灯是在真空的灯管中，充入水银和少量氩气。通电后，水银蒸发，受电子激发而发光。水银灯比白炽灯亮多了，光线近似太阳光，能量利用率也较高。

但是，水银灯会辐射出大量紫外线，而大量的紫外线对人体有害；且水银灯光线太亮、太刺眼，因此它不能得到广泛应用。

该如何改进水银灯，使它更为实用呢?

一时间，许多科学家潜心于水银灯的研究。他们认定沿着水银灯的思路研究下去，终究会成功的。

不少科学家注意到：早在1852年，英国物理学家斯托克斯发现了一种碰到光就能产生另一种光的荧光物质，并且经这种荧光物质转换后的光的波长远比外来光的波长要长。

“既然紫外线比可见光的波长短，用紫外线去照射荧光物质，肯定可以得到比紫外线的波长要长得多的可见光!”科学家马上联想到了水银灯的弊端。

“山重水复疑无路，柳暗花明又一村。”这可是个极有价值的推测。它意味着大量有害的紫外线将变成可见光。具体来说，只要在水银灯管内壁涂上荧光物质，当水银灯辐射的紫外线照到荧光物质上时，就会被激发变成可见光。

有了这样一个明确的理论指导，按理说，水银灯的改进工作应该有个飞跃了。

然而，科学家在实际的操作过程中屡屡失败。这是为什么呢?

经过认真分析与探讨，科学家认定原来的推测没有错，关键问题是技术上没有过关，也就是说，水银灯的启动装置不理想。可要制作一个理想的启动装置谈何容易!

水银灯的改进工作进入了艰难阶段。

1910年，法国科学家注意到莫尔在1895年做的一个实验。在这个实验中，莫尔在抽掉空气的玻璃灯管中，充入少量的二氧化碳，然后给以高压，使它放电，结果灯管发出白光。克劳特根据莫尔的实验，在抽掉空气的玻璃灯管中，分别充入氖、氩、氦等惰性气体。他发现，充入氖气，灯管会发出红橙色的光；充入氖和氩的混合气，灯管会发出蓝色的光；充入氖和水银的混合气，灯管会发出绿色的光；充入氦气，灯管会发出金黄色的光。如果在管内壁涂不同荧光物质，灯光的色彩将更丰富。

“这是多么奇妙的现象啊!”克劳特惊喜万分。

克劳特根据这种灯光的特殊性能，制作了一幅宣传广告：红色的花朵，绿色的叶子，黄色的文字。他把这个广告挂在法国巴黎的闹市区。在夜晚，这张广告发出五彩缤纷的灯光，显得格外醒目。

克劳特获得了霓虹灯的发明专利，并成立了“克劳特霓虹灯公司”，结果发了大财。直到1932年，克劳特专利权到期，从此，世界各地才开始广泛生产霓虹灯。

虽然霓虹灯亮度不够，不能作为照明用，只能用它丰富的灯光色彩作广告，但它再一次证明：不采用爱迪生的使电变为热，热再变为光的方法，而采用一条更经济地利用电能的途径完全可行。也就是说，水银灯的进一步研制、改进是大有前途的。这给了科学家极大的信心。

美国通用电子公司的研究人员伊曼，与其他科学家一样，从霓虹灯的亮光中，看到了光明的前途。他加快了研制的步伐。终于在1938年，突破了启动装置的设计与制作大关，制作了与水银灯性能截然不同的荧光灯。

这种荧光灯是在一根玻璃管内，充进一定量的水银，管的内壁涂有荧光粉，管的两端各有一个灯丝做电极。它的工作原理是：通电后，水银蒸气放电，同时产生紫外线，紫外线激发管内壁的荧光物质而发出可见光。显然，荧光灯没有水银灯的弊端，它比白炽灯更亮，且电能利用率高，省电。因此，它一诞生，便很快进入一般家庭。

由于荧光的成分与日光相似，因此人们也叫它“日光灯”。

爱迪生发明的白炽灯，是人类照明史上的划时代发明。白炽灯的光芒也吸引了无数发明者的目光，大家围绕着白炽灯产生了形形色色的想法。黑维特看到了白炽灯“浪费电能”的缺点，发明了水银灯；莫尔看到了水银灯的缺陷，产生了新想法，发明了霓虹灯；伊曼更进一步，发明了日光灯。我们注意到上述灯具的发明都是靠发明家某种“想法”推动的。“想法”不是天上掉下来的，它来源于发明家科学审慎的思考。“想法”是向导，引领着发明的方向。一种“想法”，一种选择，一种结局。围绕着白炽灯的改进性发明，有“想法”的人不只上面提到的三人，也不仅仅就这三种“想法”，上述三种“想法”切合了他们每人发明的实际，导向正确，所以，他们取得了各自的成就。

发明需要寻找同行者，需要寻找优秀的导师，米勒幸运地找到尤里教授，于是，他解读了生命的密码。你的“尤里”在哪里？

创新提示★★★★★

解读生命的密码

我们知道，所有的细胞，不管是动物的、植物的，还是细菌的，它们都毫无例外地具有一个最最重要的组成部分——蛋白质，它是构成生命的基础。而构成蛋白质分子的组成部分就叫“氨基酸”。进入20世纪以后，科学家们开始思考一个全新的课题：当地球还是一个年轻的没有生命的行星时，氨基酸在当时的条件下，是怎样形成的呢？

1953年，美国芝加哥大学的“教授会”上，正在审议一位博士研究生斯唐来·米勒设计的实验方案。米勒的导师是曾经获得诺贝尔奖的尤里教授。

教授们看完米勒的实验方案后，不禁大吃一惊：年仅23岁的米勒，竟然想在容器里人工合成氨基酸！

“氨基酸是构成生命的重要物质基础，还没有生命的地球经过几十亿年才孕育出来，怎么可能在试管中形成呢？”

“年轻人，不要浪费宝贵的时间和精力，这是绝对不可能实现的计划！”

这位乳臭未干的年轻人设计的实验方案，在一些教授看来只不过是个荒唐离奇的梦想，简直就是异想天开！

可是，尤里教授却镇定自若地说："没有想过的，并不意味着不可能成功。"

米勒更是充满自信："只要我们能模拟出原始地球的还原性大气，再模仿当时经常电闪雷鸣的自然条件，就很有可能产生氨基酸!"

实际上，米勒的实验方案并不是凭空想像出来的。早在1936年，俄国生物学家奥巴林就出版了《生命的起源》一书，并且译成了英文。这位第一个详细研究生命起源的人，在书中阐述了自己的研究成果，认为生命一定起源于这样的大气中：以氢、甲烷、水蒸气为主，同时有一个溶有大量氨的海洋。尤里教授也是研究原始地球大气的学者之一，他很赞同奥巴林的观点。

正是在尤里教授的支持下，血气方刚的米勒不顾"教授会"的反对，坚持进行实验。米勒设计了一种特殊的大玻璃容器。为了保证实验制成的复杂化合物一定不是活细胞形成的，他先把仪器抽成真空，并用130度的高温连续消毒了18个小时。然后，再通入氨、甲烷、氢气，这些气体混合的比例与推测的原始大气基本相同。

接着，他在另一个同样消毒过的玻璃容器中将水煮沸，形成的蒸汽经过一根玻璃管进入第一个玻璃仪器中。在蒸汽的推动下，氨、甲烷和氢气形成的混合气体又经过另一根玻璃管回到沸腾的水中。米勒让第二根玻璃管保持冷却状态，因而蒸汽在尚未滴回原来的容器前就转变为水了。

这样，在沸水的带动下，氨、甲烷、氢和水蒸气的混合物就在这套特殊的装置中不停地循环。

还需要考虑的一个问题是能量的供应。米勒和尤里推测，有两种可能的能源：一是太阳的紫外线；一是来自闪电的电火花。

"紫外线很容易被玻璃瓶吸收，我想可以用连续的电火花来供应能量。"米勒征询尤里的意见。

尤里赞许地说："在地球的早期阶段，存在很多雷电交加的情形。

你现在用电火花，实际上是模拟地球在原始时代频繁的闪电现象。”

这样，米勒的实验真正开始了，他现在只需要时间和认真的观察。米勒发现，水和空气开始时是无色的，但是到了一天晚上，水变成了粉色。随着时间的推移，水的颜色越来越深，直到最后成为深红色。

实验进行了110个小时之后，氨的浓度迅速下降，氨基酸的比例则持续上升。一个星期过去了，实验的第八天，米勒终于得到了期望的结果：在这个容器里面，出现了甘氨酸、丙氨酸、谷氨酸等重要的氨基酸！就这样，米勒把小小的容器变成了浓缩的原始地球，重演了几十亿年前发生的惊天动地的奇迹。人工合成氨基酸的成功，使人类在探索生命起源的征途上又迈出了重要的一大步。

发明需要寻找同行者，寻找优秀的教师，米勒幸运地找到了尤里教授，于是，米勒解读了生命的密码不仅促进了生命科学研究的发展，也在科学发展史上留下一段佳话。

我们向那些单枪匹马的科学探索者致敬，更为那些善于联合的发明家喝彩！

㊀创新提示★★★★★

上帝创造了何等先进的奇迹

塞缪尔·莫尔斯（1791~1872）出生在一个牧师的家庭。于1820年考入著名的耶鲁大学，然而，他很快就荒废了学业，迷上了绘画，大学一毕业就成了职业画家。他曾两度赴欧洲留学，在肖像画和历史绘画方面成了当时公认的一流画家。

他之所以从40多岁才开始致力于电报机的发明工作，是因为一次旅途中的一个偶然。

1832年10月，他在第二次留学欧洲后，乘“萨丽”号邮船回纽约。和莫尔斯同一舱室的一位波士顿科学家查尔斯·杰克逊为了在漫长的航程中消磨时间，一天傍晚，召呼许多旅客来观看他搞的电学实验。杰克逊把买来的一块欧洲新发明的电磁铁和电池一会接通，一会断开，那块铁片也就一会被磁铁吸住一会又掉下来。

在旁边仔细观看的莫尔斯问杰克逊：“线圈的导线增长，电流的速度会减慢吗？”杰克逊回答说，不管导线多长，电是瞬间传送的。于是，一种想法在莫尔斯脑海里形成：如果能够使眼睛看到在导线的什么地方有电存在，那就能够利用电将消息瞬间传送到很远的地方。

从那一天晚上起，他就关在船舱里，反复琢磨怎样做才能实现自己的构思。他在写生簿上记下了数字，画了草图。

他的初步设想是：发报的一方和收报的一方用导线连结起来形成一条电路，发报一方将电路接通和断开以传送信号，在收报一方显示出眼睛能看到的信号，再记录下来。当船驶到纽约时，他的关于电报的基本构思已差不多成熟了。

然而，莫尔斯对电的知识几乎一窍不通，连制作一个电池也不会。他向纽约大学的化学教授伦纳德·盖尔坦诚求教，请他教给自己组装电池和制造电磁铁的方法。正是由于盖尔的帮助，在1835年年底，莫尔斯很快就用废料制成了第一台电报机。

发报机是把制成凸凹不平的字母板排列起来拼成文章，然后让字母板慢慢活动触动开关断断续续发出信号；收报机的收报原理是，不连续的电流通过电磁铁，牵动摆尖左右摆动的前端与铅笔连接，在移动的纸带上划出波状的线条，经译码之后便还原成电文。这种方法和现在的电报机既相似又不完全相同。尽管如此，它也能准确地工作。

但是，电磁铁和电池是很粗糙的，所以，导线哪怕延长2~3米，收报机就会因电阻增大而失灵。如果通信距离不能进一步延长，无论如何也达不到实际运用。

发明电报机到了这个阶段，化学家盖尔就无能为力了。于是，他给莫尔介绍了普林斯顿大学教授约瑟夫·亨利（1797~1878）。亨利和美国的法拉第几乎同时发现了电磁感应现象。他是以电感单位“亨利”留名的大物理学家。

亨利改用导电性能更强的导线，制成了强力电磁铁，再把备用电池都串联起来，实现了信号的中继转发，电路也不需要两条往返导线，其中一条可用地线代替。

由于亨利的指导，莫尔斯虽然闯过了原理上的最大难关，但是机械本身还远远不能实际应用。技术方面的开发与改良，需要相应的发明天才和对机械的熟谙以及资金上的支持。幸运的是莫尔斯聘了一个叫做艾尔弗雷德·贝尔的年轻人，他具备这些条件。

贝尔是莫尔斯任教的纽约大学的毕业生，1837年年初访问母校时，偶然在莫尔斯的房间观看了电报机实验，对此发生了极大的兴趣。他从在新泽西州开铁厂的父亲那里借了2000美元并借了工厂的一间房屋做实验室，便孜孜不倦地对电报机进行改良。

经过他的努力，莫尔斯的字母板式自动发报机改为手动按键，收报机由信号波形线改为高性能的小型机，基本形成了今天的电报机原型。

另一方面，莫尔斯在纽约研究了用点和画表现英文26个字母的方法。他去印刷厂调查了铅字的使用频率。他的作法是对使用次数越多的字母配以越简单的符号，编成了至今还在使用的、合理的莫尔斯代码。

1838年1月，莫尔斯和贝尔进行了3英里距离收发电报实验，获得成功。在4月他们申请了有关电报的全部专利，从此在各地进行电报的公开实验。在1843年由美国国会通过了对莫尔斯拨款3万美元，在华盛顿和巴尔的摩之间架设70公里长的电线，然后莫尔斯和贝尔在两地互拍电报，电文是:“上帝创造了何等先进的奇迹。”

科技进入20世纪以后，许多发明创造活动步入了大联合、大发展的新时期。原子弹、航天飞机的试验研制，是数以万计的科学家携手攻关才大功告成的。莫尔斯仅仅是一个画家，在19世纪，却发明了连物理、电磁等方面的科学家都没有想到的电报机，若不是莫尔斯有联合发明意识，向科学家查尔斯·杰克逊学习，向盖尔求教，向瑟夫·亨利教授求助，最后又找学生贝尔帮忙，就不可能顺利获得电报机的发明成果。当然，我们也不能否认即使科技高度发达的未来，少数的发明创造也有可能由一个人完成。

进行科学探索，寻求发现创造，参悟、善悟是极其重要的。

㊟创新提示★★★★★

悟出你的灵感与创意

一个满怀失望的年轻人千里迢迢来到法门寺，对住持释圆和尚说："我一心一意要学丹青，但至今没有找到一个令我心满意足的老师。"

释圆笑笑问："你走南闯北了十几年，真的没能找到一个自己的老师吗？"年轻人深深叹了口气说："许多人都是徒有虚名啊，我见过他们的画，有的画技甚至不如我呢！"释圆听了，淡淡一笑说："老僧虽然不懂丹青，但也颇爱收集一些名家精品。既然施主的画技不比那些名家逊色，就烦请施主为老僧留下一幅墨宝吧。"说着，便吩咐一个小和尚取来了笔墨砚和一沓宣纸。

释圆说："老僧的最大嗜好，就是爱品茗饮茶，尤其喜爱那些造型流畅的古朴茶具。施主可否为我画一个茶杯和一个茶壶？"年轻人听了，说："这还不容易？"于是调一砚浓墨，铺开宣纸，寥寥数笔，就画出一个倾斜的水壶和一个造型典雅的茶杯。那水壶的壶嘴正徐徐吐出一脉茶水来，注入到了那茶杯中去。年轻人问释圆："这幅画您满意吗？"

释圆微微一笑，摇了摇头。

释圆说："你画得确实不错，只是把茶壶和茶杯放错位置了。应该是茶杯在上，茶壶在下呀。”年轻人听了，笑道：“大师何以如此糊涂，哪有茶壶往茶杯里注水，而茶杯在上茶壶在下的?”

释圆听了，又微微一笑说：“原来你懂得这个道理啊！你渴望自己的杯子里能注入那些丹青高手的香茗，但你总把自己的杯子放得比那些茶壶还要高，香茗怎么能注入你的杯子里呢?涧谷把自己放低，才能得到一脉流水；人只有把自己放低，才能吸纳别人的智慧和经验。”

这是一位研习禅学的朋友，几年前给我讲的一个故事，至今之所以没忘，在于故事阐发的“茶杯在上，茶壶在下”的哲理，更在于释圆和尚诲人之道，那是一个“悟”字。

释圆和尚说服那个心高气傲的年轻人，没有摆出一副诲人不倦的架式讲一席大道理，甚至连“你不该怎样”、“应该怎样”的话也没说，他要的仅仅是青年人的一幅画，通过对画的评点，让青年人幡然而悟。

诲人是一门艺术，直言相告、坦诚相见易；如释圆和尚这般平淡入事，让人启悟难。

万物同缘。学习新知识，有所发现，有所发明，有所创造，也要有悟性。善于从“悟”中求新知，让灵感迸发，让知识升华。

从课堂到生活，从书本到田野，我们都能从中获取知识，但从知识到创造发明都是有一段距离的。这是因为凡是知识都是已有的，是一种“已知”；而创造发明都是新鲜的、世上未曾有过的，是一种“未知”。创造本是他人智慧的产物，一旦传递给第二者就立即下降为知识，过一段时间继续下降为常识。发明创造是知识的升华而非知识本身。

由掌握知识到实现发明创造是一个升华过程，其中一个关键点就是“悟”。“悟”是创造发明之源。假若说知识是岩石的话，悟性就是金玉。一个人知识、理论能否用好，能否有发明创造，关键看悟性怎样，光是掌握些知识，是根本不够的。

文首讲到的那个青年人开悟了，归功于释圆和尚的点拨。在发明创造中，找一个能帮人开悟的老师最好不过了，但这类老师是极少的，悟更多的是靠自己。当年阿基米德思考皇冠问题，百思不解，后来在洗澡时，忽然“啊哈”一声，找到了称量皇冠的方法，就是开悟的一个经典事例。据说爱尔兰大数学家威廉·罗思·哈密顿在过一座桥时，偶然想出了四元数，豁然开朗：一个算术系统，不一定非要遵守交换律不可。激动之余，他立即停下来，把新发明的公式刻在了石桥的栏杆上。现在那座石桥已成为旅游圣地，永远诉说着一个学者开悟的故事。

老子、庄子、佛经、禅宗都涉及“悟”的内容，有些方面讲得甚至非常深刻，但“悟”是怎样产生的?其机理是什么?尽管有各种说法，但还没有一个真正服人的科学定论。据说日本交响乐大指挥家小泽征尔在听到我国民间音乐家瞎子阿炳创作的“二泉映月”时，泪流满面，他激动地说，这样的曲子不能坐着听，也不能站着听，应当跪着听。说罢就跪倒在地……这大概也是一种“悟”吧。

这个世界是勇敢者的大舞台，只有敢想敢干的人，才能体现自己的价值，实现自己的理想。

㊀创新提示★★★★★

零距离沟通

1875年，一位苏格兰青年发明了世界上第一台电话机，开启了通讯史的新纪元。电话机的发明人正是亚历山大·贝尔。

自从莫尔斯发明电报后，被广泛应用，成了一种新兴的通讯工具。但电报只能传递电码，有一定的局限性。能不能将它进一步发展，直接传递人的语音呢?这个问题引起很多发明家、科学家的兴趣。人们探索了20多年，却一无所获。贝尔也一直在研究这个奇妙的问题。

一个儿时的游戏诱发出了贝尔的灵感：一根长长的线穿在两只空罐头的底部，一个人把空罐头放在嘴边说话，另一头一个人把空罐头按在耳朵—听，声音通过绷得紧紧的直线传播，同样听得清清楚楚。“如果把罐头改换成电讯装置，中间用电流来传送语音呢?”贝尔这样想着。

但是当时的人们对他这个设想都不以为然。于是，他动身前往华盛顿，向约瑟夫·亨利请教，得到了这位伟大科学家的鼓励。

回到波士顿后，贝尔遵照亨利的指示，像莫尔斯当年一样，专心致志地读起电学来。他的业余时间全用在电的研究上。26岁的贝尔，精力充沛，学习刻苦用功，再加上他在聋哑教学实验中接触过电磁器械，所以没有学习多久就收到了显著的成效。发明电话，需要有丰富的语音学和电学知识。贝尔在其祖父的影响下，语音学方面根底深厚，现在他又掌握了电学，如同插上了双翅的鸟，可以凌空高飞了。

1873年初夏，贝尔辞去波士顿大学语音学教授的职务，正式做起实验来。他尝试着把电学和语音学巧妙地结合起来。

万事俱备，只差一个得力助手。一天，贝尔在朋友那儿偶然遇到18岁的年轻电气技师沃特森，两人一见如故。此后，沃特森成为贝尔终生的战友。近郊公寓的一间灰尘满地、拥挤闷热的小屋，成了他们两个人的实验室兼卧室。两个发明家整天关在屋子里，一边研究电声转换原理，一边设计实用的机器。

两年过去了，他们究竟试过多少个方案，有过多少次失败，已经无法统计。最后，他们制成了两台粗糙的样机。为了察看机器的性能，他们把导线从住房接到公寓的另一头。试验开始了，贝尔和沃特森对着自己的装置大声呼喊。可是，他们听到的声音不是从墙壁传来，就是从房顶上传来，机器却像聋哑人一样毫无反应。他们一连试了几天，两个发明家的嗓子都喊哑了，通话还是没有成功。他们有点失望。

怎么会失败呢?贝尔苦苦思索着。原来，他们的送话器和受话器灵敏度都太低，声音微弱，很难辨别。吉他的共鸣启发了聪明的年轻人。贝尔设计了一个音箱的草图。他们把床板拆了做材料，连夜赶制，等音箱做好，天已经大亮了。他们只吃了几片面包，又继续改装机器。两个发明家又连续忙了两天两夜。到第三天傍晚，机器终于改装好了。当时正是夏天，天气闷热。贝尔和沃特森浑身汗淋淋的，脸上却露出兴奋的神色。他们架好电线，贝尔在实验室里，关严了门窗。沃特森在隔着几个房间的另一头，把受话器紧紧贴在耳边。准备完毕，贝尔一面调试机器，一面对着送话器呼唤起来。沃特森屏息静气地听着，受话器里的声音起初细如游丝，后来清晰地传出贝尔的喊声:“快来呀！沃特森先生，我需要你!”沃特森赶忙跑过去，原来贝尔在操作机器的时候，不小心把硫酸溅到腿上。由于疼痛，他情不自禁地对着话筒呼喊求助。这是人类通过电话机传送的第一句话！沃特森清洗好贝尔的伤口后，突然意识到他是从听筒里听到呼叫的，惊喜万分地拉着贝尔呼喊他的名字:“贝尔！我听见了!”两人欣喜若狂，大喊起来，谁也分不清双方在喊什么。

当年，在费城举行的博览会上，贝尔把自己的发明送到了展示台。巴西国王参观了贝尔的展区。贝尔让国王戴上听筒，自己跑到另一个房间，对着话机讲起话来。一向矜持不动声色的国王这时却无法隐藏自己的惊讶，大声对身边的记者叫道:“我的上帝！他在说话!”新闻记者立刻大肆炒作，贝尔一夜之间成为费城的大名人。

1875年6月2日，人们永远记住了这一天，贝尔、沃特森两个敢想敢干的青年在这天为人类创造了一个奇迹，人类也正式开始了零距离沟通的神话。

一个人只要对自己的信念坚定不移，就没有做不成的事。打开你的心灵，施展你的才能，永远不要说“不可能”。聪明的你，应该从现在就开始善用自己的能力，告诉自己“我能做到”。

创新提示★★★★★

为心灵插上飞翔的翅膀

圣诞节这天，爸爸从外地回来，给两个儿子带回来一份礼物。兄弟俩兴奋地打开礼品盒，里面装着一个怪模怪样的玩具。

两个小家伙好奇地问:“爸爸，这是什么呀?”

“这个东西叫飞螺旋，它能像鸟一样飞向高空。”爸爸答道。

“啊?它能像鸟一样飞?”兄弟俩表示出他们的怀疑。

在爸爸的指导下，俩兄弟当场做起了演示。他们把上面的橡皮筋扭好，一松手，飞螺旋就发出呜呜的声音，向空中飞去。兄弟俩高兴地拍起手来。原来，除了鸟、蝴蝶外，人工制造的东西也可以飞上天。从此，在他们幼小的心灵里，萌发了一个念头：将来我们也要亲手制造出一种能飞上蓝天的东西!

这两个孩子就是莱特兄弟，哥哥叫威尔伯，弟弟叫奥维尔。

此后，莱特兄弟一边干活挣钱，一边尽力收集有关飞行方面的资料。经过努力，他们掌握了大量有关航空方面的知识。

他们决定先仿制一架滑翔机。人们便经常看到他们或仰望天空，或低头在画些什么。原来他们在观察空中飞行的老鹰，想以此激发灵感。

1900年10月，莱特兄弟终于制成了第一架滑翔机，并把它带到离代顿很远的基迪霍克海边。这里十分偏僻，附近既没有树木也没有民房，而且风力很大，非常适宜试飞滑翔机。

莱特兄弟把滑翔机装好，给它系上绳索，像放风筝那样将它放飞。他们的努力没有白费，滑翔机在空中飞了一米多高。初战告捷!

1901年，兄弟俩经过多次改进，制成了第二架滑翔机。这年秋天，他们的试验飞行高度一下子达到100多米。

但兄弟俩并没有因此满足。他们心想：如果能够制造一种不用风力也能飞行的机器就好了。他们把有关资料集中起来，绞尽脑汁反复研究，却毫无头绪。有一天，车行来了一位司机，他是来借工具修理汽车发动机的。发动机?! 弟兄俩灵机一动：能不能用发动机来推动滑翔机飞行?

说干就干，他们把一个专门定做的小型发动机安装在滑翔机上，又在滑翔机顶部安上螺旋桨，发动机启动后推动螺旋桨旋转，借旋转的力可带动滑翔机飞行。

两年后，莱特兄弟带着他们装有发动机的滑翔机，再次来到基迪霍克海边，但这次试飞失败了。很多人开始嘲笑他们，说他们的想法是异想天开。

也就是在这个时期，发明家兰莱受美国政府的委托，制造了一架带有汽油发动机的飞机，在试飞中不幸坠入大海。莱特兄弟得知这个消息，立即前往调查，他们从兰莱的失败中吸取了教训，对飞机的每一部件做了严格的检查，并制定了一套较完善的操作规定。1903年12月14日，他们带着改进过的飞机又来到基迪霍克海边。

飞机真的飞起来了! 但令人遗憾的是，整个飞行时间不到4分钟。兄弟俩仔细观察研究后，发现了问题所在。他们又连续工作了三天，把铁轨安置在一片平坦的地面上，再次进行飞行试验。

三天后的上午10时，天空阴冷，风卷残云。应邀前来观看飞行的当地人们冻得直打哆嗦，一再催促兄弟俩快点起飞。

飞行试验终于开始了，先由奥维尔试飞。只见他爬上飞机，伏卧在驾驶位上。一会儿，发动机开始轰鸣，随着螺旋桨由慢到快地转动，飞机滑动起来了，它一下子升到3米多高，随即水平向前飞去。

“飞起来啦!”人们高兴地呼喊起来，并且跟随威尔伯，欣喜若狂地在飞机后面追赶着。

飞行了大约30米后，飞机稳稳地下降着陆。威尔伯冲上前去，激动地扑到刚从飞机里爬出来的弟弟身上，热泪盈眶地喊道：“我们成功了!”

半个小时过后，威尔伯又一次试飞，飞行距离达到52米；之后，奥维尔第三次飞行，耗时59秒，距离地面达255米。

这是人类历史上第一次驾驶飞机飞行成功。莱特兄弟把这个消息告诉报社，可报社不相信两个无名小卒能成功驾驶飞机飞行，拒绝发布消息。莱特兄弟并不在乎，又着手继续改进他们的飞机。不久，兄弟俩又制造出能乘坐两人的飞机。消息传开后，人们奔走相告，引起美国政府的重视，政府决定让莱特兄弟做一次飞行表演。

1908年9月10日这天，天气异常晴朗，飞机飞行场围满了前来观看的人们。大家兴致勃勃地等待着莱特兄弟的飞行。

10点左右，奥维尔驾驶着心爱的飞机，在一片欢呼声中，运载着一名勇敢的乘客飞向天空。飞机两支长长的机翼在空中划过，恰似一只展翅飞翔的雄鹰。在76米的高度，飞机稳稳地飞行了1小时14分。

亲眼目睹这次飞行经过的人们再也抑制不住激动的心情，他们昂首高呼着莱特兄弟的名字，奔走相告!

这是100多年前的事了，莱特兄弟经历了无数的失败，终于将人类飞翔的梦想变成了现实。但在当时，他们的行为却受到了旁人的嘲笑。到现在，如果有人预言人类将移民到月球上，则很少人会怀疑它的可行性。

第四辑

走出思维的死角

运用假说思维进行科学研究，是一种极其重要的思维方法。假说思维在社会科学和自然科学都有广泛应用。

创新提示★★★★★

恐龙是怎样灭绝的

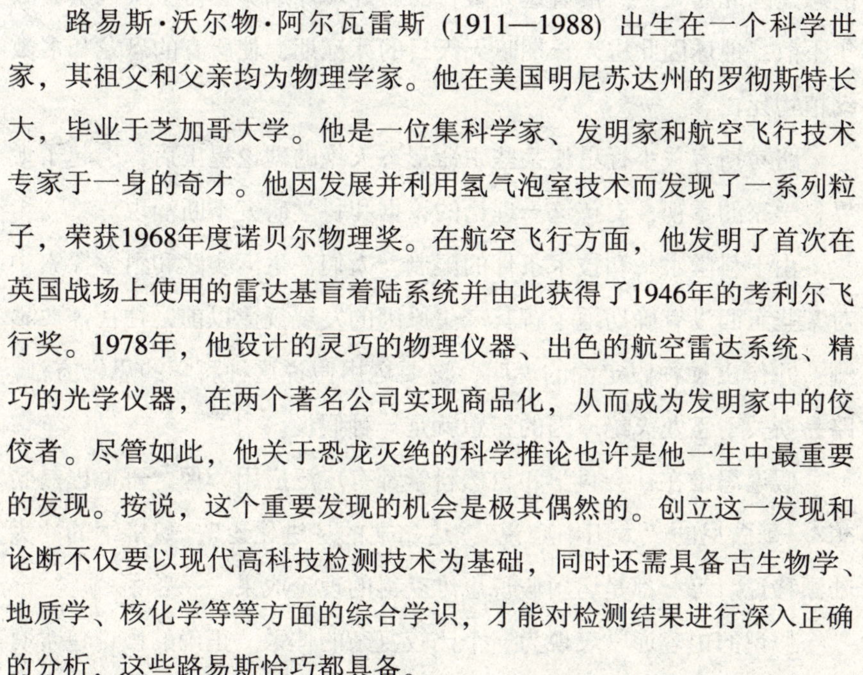

路易斯·沃尔物·阿尔瓦雷斯（1911—1988）出生在一个科学世家，其祖父和父亲均为物理学家。他在美国明尼苏达州的罗彻斯特长大，毕业于芝加哥大学。他是一位集科学家、发明家和航空飞行技术专家于一身的奇才。他因发展并利用氢气泡室技术而发现了一系列粒子，荣获1968年度诺贝尔物理奖。在航空飞行方面，他发明了首次在英国战场上使用的雷达基盲着陆系统并由此获得了1946年的考利尔飞行奖。1978年，他设计的灵巧的物理仪器、出色的航空雷达系统、精巧的光学仪器，在两个著名公司实现商品化，从而成为发明家中的佼佼者。尽管如此，他关于恐龙灭绝的科学推论也许是他一生中最重要的发现。按说，这个重要发现的机会是极其偶然的。创立这一发现和论断不仅要以现代高科技检测技术为基础，同时还需具备古生物学、地质学、核化学等等方面的综合学识，才能对检测结果进行深入正确的分析，这些路易斯恰巧都具备。

1979年，路易斯已经从加利福尼亚大学退休。他的儿子沃尔特是一位地质学家，他偶尔得到一点远古时代的粘土，经核化学专家富兰克·阿撒罗检测分析，被确定是6500万年前的粘土。这被曾经从事宇宙射线和天体物理学研究的路易斯知道了，对此很感兴趣。据测定这些粘土中铱的含量较高，而目前已知在彗星和小行星中铱元素的含量远比地壳中高得多。粘土地质年代恰巧与白垩纪第三纪一致。而正是在此时期，恐龙和许多其他的物种都永远地从地球上消失了，路易斯利用这些资料进行研究分析，认为6500万年前白垩纪与第三纪之间的恐龙灭绝事件就是由一颗近地小行星撞击地球触发的。由于小行星对地球的猛烈巨大撞击，发生了惊天动地的毁灭性大爆炸，所产生的高温使地球成了一片火海，冲天大火燃烧了地球上的大片森林和植物，使空气中的氧气消耗殆尽。恐龙有被大火烧死的，而大部分是窒息死亡，因为空气中充满了无法呼吸的二氧化碳和一氧化碳，大多数种类的恐龙因此而灭绝。接着遮天蔽日的燃烧爆炸烟雾弥漫于大气层，数年不散，地球因此进入长期暗无天日的冰冻期，使所有的恐龙和多数动植物死亡。

路易斯有关小行星使某些生命形态灭绝的理论提出后，引起了世界科学家的重视，支持这一理论的论据和科学研究不断涌现。

由于科学水平和技术条件的限制，人们在生活实践和科学探索中对某些东西没有确切地了解其产生原因的发展规律以前，往往需要猜测，并作出种种假定性的说明，这要运用假说这种科学的思维方法。路易斯关于恐龙灭绝原因的猜想就是一种假说。

假说思维在社会科学和自然科学都有广泛应用。像“哥德巴赫猜想”、哥白尼的“太阳中心说”、达尔文的“进化论”、魏格纳的“大陆漂移说”等，都是运用假说思维获得的理论成果。

假说的内容通常表现为一个比较复杂的体系。正确的假说包含有确实可靠的内容与真实性尚未判定的内容。假说作为根据已有的事实和原理而作出的猜测，必须以可靠的知识作为基础。假说不是任意作出的，猜测得对不对，对多少，首先取决于依据的事实和原理是否真实。如有人信奉鬼神等等，就是一种愚昧无知的臆想，这是一个方面。另一方面，假说的核心内容又是推测性质的，它可能包含有许多不切实际的、需要用更多的事实来修正和补充的东西。科学界关于“飞碟”和“外星人”的人说法，目前也是一种假说。

总之，运用假说思维进行科学研究，是一种极其重要的思维方法。“大胆假设，小心求证”，“假说”成真的事并不罕见呀!

为了一生的成功，不妨从现在开始，对自己一遍又一遍地说“我能行”，想像自己正走在通往领奖台的红地毯上……

㊀创新提示★★★★★

想像的力量

阿图尔·施那贝尔学钢琴只有七年，就成为世界上著名的钢琴家。初学时他厌恶练习，很少在钢琴前做长时间的操练。他的练琴时间同其他钢琴家相比少得可怜。有人问起他成功的奥秘，阿图尔回答说：“我用脑子练琴。”在产生了练琴冲动的时候，他惯于眯上眼睛，想像自己已开始了演奏，只见他灵巧的手指开始上下翻飞，整个身心都融会其中。一位钢琴权威说，几乎所有的钢琴家都有“用脑子练琴”的经历，一支曲子必须在心里浏览一遍，记忆下来，在心里练一练，然后才能动手摸琴。

打高尔夫球的运动员，在击球之前，必须要做的一件事就是“想像”。想像击球的方向、击球点和力度，以及所做出的击球姿势，甚至高尔夫球如何滚入球洞在心里都要有一幅清晰的图像。高尔夫球专家说，如果你能想像出结果——“看到”球按照你的意愿滚动，并且自信“知道”它会服从你的意愿，你的下意识会承担任务，正确地指挥你的肌肉。如果你握杆的方法有毛病，脚也没有站成最好的姿势，你的下意识仍然能尽到责任，指导你的肌肉进行必要的补偿，从而打进每个球。

古往今来，心想事成——在事业上的每一个成就未实现之前，就已在想像中成功千百次的人数不胜数。拿破仑在参加实际的战争之前曾经在想像中指挥过千军万马，他在上小学的时候所做的阅读笔记达400余页。他把自己想像成一个司令，画出科西嘉岛的地图，经过精确计算后，标出他可布防的各种情况。

想像力的作用可能远远比我们所了解的重要也大得多。一名游客误入动物园掉入狮子山中，搭救人员迅速赶来，狮子并没有伤及他一根毫毛，但是搭救人员发现他已经停止了呼吸。显而易见，他做的是“狮子吃人”经验性的想像，他被这种可怖的想像吓死了。某地一座冷库的工人由于粗心把一名工友锁在冷库里，但那天停电，当时正是冬天，冷库里的温度跟室外温度并没太大的差别。几个小时后，人们想到了这个失误，在打开冷库门的时候，人们看到的已是一具僵尸。显而易见，他也是被“冷库里会冻死人”的想像“冻”死的。

既然积极、健康、正确的想像可以助人成功。消极、错误的想像可以诱导人误入歧途，甚至窒息人的生命，那我们为什么不想像你能成功呢?对啊，我们为什么不! 为了一天的成功，在早上起床的时候，我们不妨对自己说：今天是个好日子；为了一件事的成功，在做这件事之前，不妨在想像中倾听一下成功之后的掌声；为了一生的成功，不妨从现在开始，对自己一遍又一遍地说“我能行”，想像自己正走在通往领奖台的红地毯上……

荒唐的想法之所以荒唐，在于其不看常规，而很多科学的奥秘恰恰隐藏于这不合常规的设想之中。所以，当某种“荒唐”的想法突然光顾时，不要轻易将其丢弃。

创新提示★★★★★

达·芬奇与大炮

意大利文艺复兴时期的著名画家达·芬奇，也是一位杰出的自然科学家、工程师。他在军事、水利、土木、机械工程等方面，有许多重要的设想和发现。

据说，有一次，他的一位朋友从前线阵地回家。达·芬奇抽空去看望朋友，并详细向朋友询问前线的情况。朋友伤心地告诉他：“且不说敌人的炮弹可能把人送上天，就是自己的大炮也不保险。”

“为什么?”

“大炮在射击时后坐力太大了，整个炮架往后跳，经常伤人。我就差点被它撞断脚。”

“那就把后坐力消灭掉。”

“目前，专家们对此还没有什么办法。”

“其实，这很简单。把两门炮的尾部对着，一齐发射，后坐力不就互相抵消了吗?这种朝向相反的炮可以叫双头炮。”

“啊。这怎么行! 这不是有一门炮往自己阵地打吗?”

确实，达·芬奇的想法荒唐可笑，但他的思路却是正确的，即在后坐力产生的同时，用一个大小相等、作用相反的力将它抵消，这样大炮发射时炮架就不会往后跳。他为后来的研究者指明了方向。

光阴似箭，4个世纪过去了。美国有一位名叫戴维斯的海军军官，在一份资料上看到了达·芬奇关于“双头炮”的设想。这引起他极大的兴趣。

经过深入的研究，戴维斯在“双头炮”的基础上，于1914年制造出了世界上第一门无后坐力炮。这门炮不用两门炮制成，而是将“双头炮”的两根炮管合二为一，并且将两门火炮的发射药背靠背地放在一起。也就是说用一根炮管和一包发射药，使炮弹向两个相反的方向射击。此外，他把向自己这方射的炮弹改为大型铅弹。由于铅弹的质量大，发射时只会向后飞行一小段距离。

戴维斯更理想、更科学地把达·芬奇的设想变成了现实。但他并没有满足于此，而是继续往前挺进。

后来，他又将铅弹改为假弹，大炮的操作安全又提高了一步。改进后的大炮发射时，假弹变成许多碎片，散落在炮的后面。操作人员只要及时躲开，就没有太大的危险。

戴维斯发明的无后坐力炮受到军队的欢迎。士兵们在使用过程中，也发现了不少问题。其中，最大的问题仍然是安全问题。因为往后发射的假炮弹有时会击伤操作者。

对于这个缺陷，戴维斯绞尽脑汁，也想不出一个解决的办法。

20世纪20年代初，英国科学家库克为无后坐力炮“注入了一股清泉”。他创造性地将无后坐力炮的后半截炮管截去，用“气”代替假弹，即在炮的尾部装了个喷气管。这使炮的安全性大为提高。这是一个巨大的飞跃!

这以后，有些兵器专家试图对无后坐力炮做进一步改进，但未能获得成功，直到1944年，英国兵器专家丹尼斯·博尼才实现对它的进一步改进，成功研制出一种反坦克炮。

达·芬奇荒诞不经的“双头炮”设想，导致了无后坐力炮的诞生，真可谓发明也荒唐。

无独有偶。日本一位发明家竟荒唐地发明了一种“笑袋”，这种“笑袋”模拟放屁原理，人一旦坐上去，便“屁声连天”，被商家买去放在商场里，客人一坐，逗得人前仰后合，激活了商场人气。还有一件事与“笑袋”有点缘份。一位挖藕工人在挖藕时放了一个响屁，引起周围的哄笑，有人说:“您老兄这么能放，干吗不冲着水底放它几个，把藕崩出来呢?”这位先生也算有心，竟真地“拿着荒唐当针认”，做起了“用气挖藕”的发明试验，发明了水压采藕法。

荒唐话、荒唐设想都可以阴差阳错地孕育发明之果，发明真是有点怪!

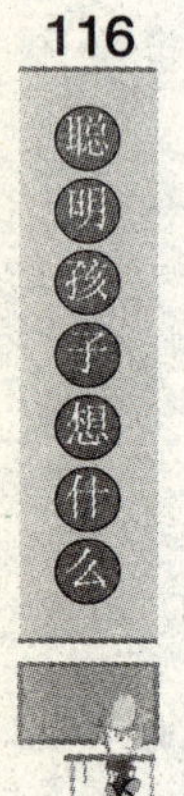

认真读几本科幻小说，用“创意面包”滋养一下，说不定会萌发出奇妙的创意。不过，千万不要学莫里斯哦!

㊀创㊀新㊀提㊀示★★★★★

科幻小说与“病毒”

1977年夏天，一个叫托马斯·J·雷恩的小说家坐在家中大发奇想，凭空虚构了一本科幻小说，第一次把生物学中的术语“病毒”搬进电脑世界。他幻想有一种奇异的病毒，能从一台计算机传染到另一台，最后控制了7000台电脑的运行。小说发表后一下子轰动了科普界。一些科学家对此嗤之以鼻，把它视为荒诞不经的神话。问题的严重性在于，这部小说或许具有一定的教唆作用，它触发了某些人发明计算机病毒的灵感，使虚构的东西在10年后呱呱坠地。

1988年11月3日，美国国防部电脑网络和各大学的6000台计算机，因感染一位计算机系学生编制的病毒程序而关机，直接损失达9600万美元。

造成这一严重后果的罪魁就是小莫里斯。此人的成长环境得天独厚，父亲莫里斯上校是军方著名的电脑专家，家里有一套高档计算机，小莫里斯的课余时间基本上都是在电脑旁度过的。每星期的周末，他总是感到最开心，因为，父亲的同事们常常到他家聚会。他们有时谈论有关电脑的奇闻趣事，有时则凑在一起玩很特别的计算机游戏。他们约定每人编一个能够“吃掉”对方程序的程序，然后一起输进电脑，看谁先把别人的程序吃掉。

这种紧张的电脑“追杀”对小莫里斯太有吸引力了，他一边看一边学，慢慢就从袖手旁观发展到亲自“上阵”。在游戏过程中，他的编程技巧不断提高，成绩也不断扩大，甚至多次使老莫里斯败北。15岁时，他就因设计出“智斗外星人电脑”而成为小有名气的电脑玩家。22岁时，小莫里斯成为康奈尔大学计算机科学系的一名研究生，这里宽松的学习环境，电脑室24小时开放的便利条件，使他如鱼得水。进入第二学年的时候，莫里斯发现父亲为五角大楼一手设计的网络安全防护系统有某些小漏洞，于是他产生了与他父亲工作的安全部门开个玩笑的念头。他决定搞这样一个实验：把自己编写的叫“蠕虫”的小程序偷偷放在网络里，使它秘密地繁殖，从一部电脑爬向另一部。当小虫子占领了一些电脑后，他准备在某一时间命令它们同时叫一声，吓一吓安全部门，也让他父亲坐着飞机飞来飞去地瞎忙一阵。

1988年11月2日晚，莫里斯得意地按计划向放出去的小虫子发信号，准备让它们叫一声后结束实验。突然，他发现由于在程序设计中犯了一个错误，那些虫子正以超过设想几百倍的速度繁殖，已经无法控制。与此同时，国防部电脑网络遭到一种身份不明的小程序的攻击，各终端电脑瞬间患了同一种疾病，屏幕上跳着一些毫无意义的乱糟糟的字符。安全值日官束手无策，被迫下令网络上的所有终端立即关闭每一台计算机。事件发生后，老莫里斯猜到这可能是他那位精通电脑攻击游戏的儿子所为。当着联邦调查局高级官员和父亲的面，莫里斯对此供认不讳，他做梦也没有想到一个恶作剧竟会给全国带来如此惨重的损失。1990年5月5日，法院最后以危害国家安全罪将他判处了有期徒刑。莫里斯因无意中发明蠕虫病毒程序酿成恶果，被绳之以法，但更多制造这种玩意的人，由于作案手段巧妙，致使法律部门无法将他们捉拿归案。计算机病毒使人防不胜防，它已成为令电脑界头疼的讨厌问题。

莫里斯作为计算机病毒的始作俑者，罪不可赦。我们值得注意的一个问题是莫里斯发明电脑病毒的坏主意，源于雷恩的一本科幻小说。科幻小说是一个充满想像力的世界，新物品、新概念充斥其中，是发明家的“创意面包”。飞机、潜艇、星际旅行、克隆技术等等创意最早都曾在科幻小说中出现，启迪了发明家、科学家的智慧。

创造性思维就是这样顽皮和奇特，它挑战权威，蔑视经验，饱学之士可能因学富五车而自造陷阱，天真幼稚的孩童却能常发奇想，实现思维的超越。

创新提示★★★★★

孩童的思维优势

英国一家著名的报纸，曾为下面的这道难题公开征求答案：

三个名人都为人类立下不朽之功，他们一位在医学上有过重大贡献，一个是著名的化学家，一个是举世瞩目的核物理学家。

有一天，三人搭乘同一个热气球。突然，气球遇到风暴，要把其中一人推下去，才能确保另外两人的安全。这三人中，究竟应该牺牲哪一位？

这家报纸后来收到了成千上万的应征信，不少饱学之士不惜用长篇大论来论证自己的方案，但评判员都不满意。最后评判员终于选中了一个最为满意的答案，内容仅有一句话："把体重最重的那一位推下去。"

颁奖之日，人们惊讶地发现，上台领奖的竟是一名12岁的孩子。

创造性思维就是这样顽皮和奇特，它挑战权威，蔑视经验，饱学之士可能因学富五车而自造陷阱，天真幼稚的孩童却能常发奇想，实现思维的超越。以上题为例，成人的注意力一般都集中在三个名人的成就和作用的比较上，孰轻孰重，顾此失彼，不能拿出令人信服的结

论。在孩子的眼中，这道题变得再简单不过，那就是尽可能减轻热气球的重量，体重最重的那位自然就成了倒霉蛋。

这里还有一个故事。

说的是夫妻俩带着一个5岁的孩子进城租房，好不容易找到一家房东。房东遗憾地说："啊，实在对不起，我们公寓不招有孩子的住户。"夫妻俩听了不知如何是好。

夫妻俩正要准备转身离去时，孩子忽然又去敲了房东的大门。

房东又出来了。孩子精神抖擞地对房东说："老爷爷，我要租房。我没有孩子，我只带来两个大人，一个是我母亲，一个是我父亲。"

房东爷爷听了哈哈大笑，把房屋的钥匙高兴地交给了那个聪明的孩子。5岁的孩子或许根本不懂什么叫逆向思维法，但他的思维却是无意地进入了逆向性思维的轨道，把问题的焦点从父母带孩子转向了孩子带父母，求得了问题的圆满解决。若让老于世故的成人解决这个问题，可能会想到三个解决方案，一是出高价，一是苦苦求情，再则是夸耀孩子听话，不会大吵大闹，以求老房东让步。

创造性思维的要诀是破除一切思维障碍，实现思维自身的超越和飞翔。孩子的大脑有着大量的空白，这种空白是一种知识劣势，对创造性思维而言，它可能会变成优势，世界因之变得生动，思维因之变得活泼、无碍，一遇诱因可能就会突发奇想，写下令人击掌的创造性思维的篇章。

"换一换"不过是变的一种形式而已，发明家正是通过对事物诸元素的变换组合，妙手生花，登上成功的彼岸。

㊓㊔㊕㊖★★★★★

换 一 换

"换一换"思维法也叫替代法或换元法。在发明创造活动中，此法应用也非常广泛。人们常常用一事物替换另一事物，"狸猫换太子"，寻求新的发明创造成果。

美国物理学家格拉塞尔曾在一段时间里集中研究高能粒子的飞行轨迹，为此食不甘味。一天，格拉塞尔喝啤酒时，看到酒杯中一串串上升的气泡，猛然想起自己的研究课题。于是，他就用啤酒代替高能粒子穿越的介质，顺手拣起八粒碎小鸡骨头代替高能粒子，等到酒杯中的气泡冒完后，将其丢入杯中啤酒里，只见随着碎骨粒的沉落，周围不断冒出气泡，气泡显示出了碎骨粒下降过程的轨迹。尽管碎骨粒不是高能粒子，啤酒也不是高能粒子穿越的介质，但这次试验却启发了他的思维。他急匆匆地赶回实验室，经过不断实验，终于发现带电高能粒子穿过液态氢时，同样出现一串串的气泡，清晰地显示出粒子飞行的轨迹。

用替换法从事发明屡有成就，所"换"事物让人目不胜收。在着装方面，人们长期以来所选材料多是棉、麻、丝等材料，近年被替换为人造纤维等；在保温瓶方面，传统的保温瓶是玻璃制品，近年出现了不锈钢瓶旦，这种瓶旦耐用不怕摔。这些是材质方面的替换。

比较常用的替换法，还有结构替换或者外型替换。如火车发明之初，因为担心出轨，火车车轮上套有齿圈，带齿的车轮与钢轨上的齿条啮合向前运动。后来，火车司炉工史蒂文森通过观察研究，将带齿的轮轨换成了今天这样平滑的轮轨，发现火车不仅不打滑、不脱轨，而且火车时速一下子提高了5倍。至于外型方面的替换就更多了。现在市场上流行的气体打火机，造型奇特，美不胜收，这种造形刚刚问世，另一种新的造型又开始热销，甚至带动了打火机收藏热的兴起。

变是万事万物永恒的规律。发明就是变中求新，变中求异，变中求胜。

曹冲称象的故事，大家都非常熟悉。在当时那种情况下，要称量一头象的体重不是一件容易的事。但是小曹冲眉头一皱，计上心来。他的思维实现了两个转换，一是称重不是用秤，而是以船代秤；二是以石块代替大象。曹冲的“换一换”思维创造了千古佳话。

猜测和想像在发明中立下了汗马功劳，许许多多的发明者展开想像的翅膀，摘下了发明之果。

创新提示★★★★★

莫瓦桑点石成金

猜测和想像是人类发明之母。人类文明一开始，就有许许多多美好的想像，随着科学的发展，有许多想像被证实是正确的。猜测和想像在发明中立下了汗马功劳，许许多多的发明者展开想像的翅膀，摘下了发明之果。莫瓦桑发明人造金刚石就是一例。

1893年，法国科学院宣布了一条振奋人心的消息：法国化学家莫瓦桑成功地研制出了人造金刚石!

片刻间，这一爆炸性的特大喜讯传遍全法国，传遍全世界。人们轰动了，法国轰动了，世界轰动了！莫瓦桑一下成为新闻媒介的焦点，成为人们心目中巨额财富的生产者，在法国，甚至有人称他为“世界富翁”。

早在发明人造金刚石之前，莫瓦桑就已经是法国一位颇负盛名的化学家了。1886年，莫瓦桑首先制取了单质氟。6年后，他又发明了高温电炉。不过，莫瓦桑并没有被鲜花和荣誉绊住前进的步伐，在科学的道路上，他仍旧一如既往地孜孜进取。

有一次，莫瓦桑准备进行一项化学实验，需要用一种镶有金刚石的特殊器具。这种器具非常昂贵，因此实验室里的助手们倍加爱护。

早上，莫瓦桑来到实验室，做好实验室前的准备的工作。这时，各项仪器都准备好了，偏偏找不到那镶有金刚石的昂贵器具。奇怪，怎么会突然不见呢?

助手突然惊叫起来：“啊?门好像被撬过了！莫非有小偷光顾?”

莫瓦桑仔细一看，可不是，门锁很明显被人撬开过。进实验室前，谁也没有留意到。这么说，小偷看上那昂贵的金刚石了。

这桩意外使莫瓦桑萌生了一个念头:“天然金刚石如此昂贵，如果能人工制造金刚石，该有多好!”

可这谈何容易！作为化学家莫瓦桑心里最清楚“点石成金”不过是美好的神话。要想制造金刚石，首先要弄清楚金刚石的主要成分，并了解它是怎样形成的。

翻阅了许多资料之后，莫瓦桑了解到，金刚石的主要成分是碳。至于它是如何形成的，在这方面研究的成果很少，只有德布雷曾经提出金刚石是在高温高压下形成的。

紧接着莫瓦桑想到，要人工制造金刚石，得有可供加工的原材料。选什么材料才合适呢?还从未有人作过这方面的尝试，看来，一切要靠自己摸索了。

有一回，有机化学家和矿产学家查理·弗里德尔在法国科学院作了一个关于陨石研究的报告，莫瓦桑也参加了。

在报告中，查理·弗里德尔说:“陨石实际上是大铁块，它里面含有极微量的金刚石晶体。”听到这儿，莫瓦桑猛地想到：石墨矿中也常混有极微量的金刚石晶体，那么在陨石和石墨矿的形成过程中，是否可以产生金刚石晶体呢?

想到这里，莫瓦桑头脑中出现了制取人造金刚石的设想。他对助手们说:“金刚石的主要成分是碳。陨石里含有微量金刚石，而陨石的主要成分是铁。我们的实验计划中：把程序倒过去，把铁熔化，加进碳，使碳处在足够的高温高压状态下，看能不能生成金刚石。”

历史上第一次人工制取金刚石的实验开始了。没有先例，没有经验，更没有别人的指点，一切都像在黑暗中探路一样。第一次失败了，认真总结经验，找出问题的症结所在，第二次再来……经过无数次的反复探索，莫瓦桑的实验室里终于爆发出一阵激动的欢呼声，大家紧紧地拥抱在一起：成功了！

不少人抱怨自己缺乏发明细胞，事实上并非如此。如果常常问自己几个“为什么不可以?为什么该这样……”之类的问题，发明的大门也许就向您敞开了。

创新提示★★★★★

马屁股的宽度

美国铁路两条铁轨之间的标准距离是4英尺又8.5英寸。这是一个很奇怪的标准，究竟是从何而来的呢?原来这是英国的铁路标准，而美国的铁路原先是由英国人建的。

那么为什么英国人用这个标准呢?原来英国的铁路是由建电车轨道的人所设计的，而这个正是电车所用的标准。

电车的铁轨标准又是从哪里来的呢?原来最先造电车的人以前是造马车的，而他们是援用马车的轮距标准。

好了，那么马车为什么要用这个一定的轮距标准呢?因为如果那时候的马车用任何其他轮距的，马车的轮子很快会在英国的老路上撞坏。为什么?因为这些路上的辙迹的宽度是4英尺又8.5英寸。

这些辙迹又是从何而来的呢?答案是古罗马人所定的。因为欧洲，包括英国的长途老路都是由罗马人为他们的军队所铺的，所以4英尺又8.5英寸正是罗马战车的宽度。如果任何人用不同的轮宽在这些路上行车的话，他的轮子的寿命都不会长。我们再问，罗马人为什么以4英尺又8.5英寸为战车的轮距宽度呢?原因很简单，这是两匹拉战车的马的屁股的宽度。

等一下，故事到此还没有完结。下次您在电视上看到美国航天飞机立在发射台上的雄姿时，你留意看看在它的燃料箱的两旁有两个火箭推进器，这推进器是由一家公司设在犹他州的工厂所提供的。如果可能的话，这家公司的工程师希望把推进器造得胖一点，这样容量就可以大一些。但是他们不能，为什么?因为推进器要用火车从工厂运送到发射点，路上要通过一些隧道，而隧道的宽度只比火车轨略宽一点，而轨道的宽是由马屁股的宽度所设定的。

因此可以断言：今天世界上最先进的运输系统的设计，是由两千年前两匹马的屁股宽度决定了的。

种种习惯、规则是如何形成的，大家读读上面的这段故事，也许会茅塞顿开。因为有一些习惯、规则存在，遵守规则成为一种生活常识，这种生活常识在发明上变成一种定势，一种心理枷锁，阻碍着人们的思维突破。

向一切规则挑战,敢于突破常规,往往可以赢得发明。林中的鸟鸣和潺潺的溪流声能卖钱吗?为什么不可以?于是鸟鸣和水声被灌录在光碟上,使人有了倾听大自然万籁的耳福。

面条都是在家里现做现吃，为什么不能做一种可以出售的成品面条呢?于是挂面诞生了。后来有人又问:为什么不能把面条煮熟了再卖呢?于是,方便面成了市场新宠。

不少人抱怨自己缺乏发明细胞,事实上并非如此。如果常常问自己几个“为什么不可以?为什么该这样……”之类的问题,发明的大门也许就向您敞开了。

把先前思维的一切成见统统丢掉吧！用新的眼光看自己，你会发现自己的智慧潜能和创造素质！

创新提示★★★★★

大象的“成见”

大象能用鼻子轻松地将一吨重的东西卷起来，但我们却常常发现，许多大象被安静地拴在小木桩上。它们完全可以扬鼻把木桩拔起，从而不被木桩所困。

专家注意到这个现象，他们解释说，大象幼小时常被铁链拴在铁桩上，当时不管用多大的力气去拉，铁桩对于幼象而言，是一座庞然大物，动也动不了。幼象长大了，力气大大增加，但只要身边有桩，它就再也不敢妄动。因为大象习惯性地认为木桩“绝对拉不断”。

这就是大象的“成见”。

爱迪生有一位名叫阿普顿的高足，自认才高八斗。一天，阿普顿接受了老师交待的任务：测算出一只梨形灯泡的容积。灯泡形状并不规则，它像球形，又不像球形；像圆柱体，又不像圆柱体。即使作近似处理，也很繁琐。阿普顿画了草图，进行了复杂的运算，做了很长时间也没有满意的结果，爱迪生见阿普顿为难，对他说：“你还是换种方法算算吧!”只见他快步取来一大杯水，倒进了量筒，然后把灯泡浸泡进去，量筒中的水位增加，增加部分，无疑就是灯泡的容积了。

计算一个物体的体积，要使用教科书上的计算公式，先测量，后计算。这是阿普顿头脑中的常识，这种常识成为他的“成见”，使他不屑于作新的发现，寻找更好的计算方法了。爱迪生的方法，可谓对阿普顿上了重要一课。

公元前333年的冬天，亚历山大率军攻入“戈底乌斯城”。城中的神庙内，有一个著名的“戈底乌斯绳结”十分难解。据当地流传的神谕说：谁能解开这个绳结，谁就能成为亚细亚之王。

亚历山大来了，他费了很大劲同样没有把它解开。最后，他对自己说：“我为什么要遵守他人的规则呢?我要建立自己的规则。”说罢便拔出佩剑，将绳结一劈两半。

后来，亚历山大果真成为亚细亚之王。

亚历山大突破了自己的成见，把熟悉的解绳的方法丢在一边，使绳结一刀而解。这种豪气和智慧，给我们的是当头棒喝：把先前思维的一切成见统统丢掉吧！用新的眼光看自己，你会发现自己的智慧潜能和创造素质！

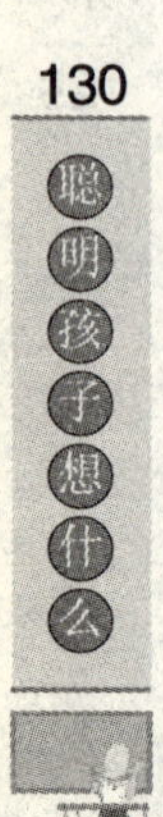

我们从小学开始，便习惯于接受问题，极少有人去怀疑问题的本身。人人都被训练得只知道用正确回答问题的程度来区分优劣。这种思维方式，是创新思维的大敌，不仅有碍于头脑的开发，同时对解决问题也构成了障碍。

创新提示★★★★★

善于怀疑问题本身

日本有一个名叫丹波的小村子，地处偏僻，非常贫穷。村里的人看见其他地方都先后富了起来，也不甘心。但这里什么生产都谈不上，怎么富呢?后来，他们请来了创意思维专家井坂弘毅先生。井坂弘毅先生了解到这个村子的全面情况后，提出总得卖一些东西同别人交换才行，有了产品才能赚钱。可村里的人说，我们这里只有贫穷，什么可卖的也没有，贫穷要是能卖就好了。村里人的一句笑话，让井坂弘毅先生眼睛一亮，他盯住了问题本身：谁说贫穷不能卖呢?

经过慎重思考，井坂弘毅建议说：你们惟一的致富之路就是出售贫穷落后，出售一无所有。他说，要出售贫穷落后，你们还得再贫穷落后一些。从现在起，你们要住到树上去，不要再穿布做的衣服了，要披树叶、兽皮，就像几千年前我们的老祖宗那样生活，这样城里的人就会来参观旅游，你们不就可以富起来了吗?后来，这个村子真的靠“展示”贫穷落后，成为日本一个著名的旅游景点，小山村也很快走向富裕。

在洛杉矶奥运会之前，承办奥运会简直是一场经济灾难。1980年莫斯科奥运会，耗资达90亿美元。奥运会成为赔钱的同义语。尤伯罗斯来了，他第一句话就对“奥运会赔钱”这个问题提出了疑问，他要改写这一页，让奥运会能够赚钱。

更精彩的还在后头。

前几届奥运会的主办者要花费巨资去新建大批的体育场馆，他反问“为什么必须新建”，他决定尽可能利用洛杉矶已有的运动场所。经过反复论证，游泳池必须新建，尤伯罗斯抓住的问题是“新建为什么必须花钱?”他以允许在指定场地营业和做广告为条件，说服一家企业掏了腰包。美国本土的柯达公司认为这届奥运会理应购买它的照相器材，不愿出400万美元的赞助费，尤伯罗斯不认“理应”这个理，果断地将这一权力出售给日本的富士公司。奥运会的吉祥物——山鹰也能挣钱，他把山鹰作为一种商标专利广泛出售。

尤伯罗斯获得了极大成功。洛杉矶奥运会成为历史上首届挣大钱的奥运会，使奥林匹克运动获得了更加广泛的欢迎和支持，申办奥运会的国家越来越多。

尤伯罗斯的成功当然和他杰出的经营管理才能分不开，但他善于怀疑问题本身的创造性思维方式则是成功的关键因素。他的目光倘若不是盯住问题本身，而是囿于问题的脚下，沿袭历届奥运会承办者的履辙，他是不会有此成就的。饶有意味的是，成功之后，面对记者的提问，尤伯罗斯透露说，在组织这次奥运会的过程中，许多新观念和新创意的获得，很大程度上要归功于创造性思维法的学习。

人的一生可能都要和问题这个朋友相伴，在我们带着问题漫游人生的时候，请不要忘记把怀疑的目光盯住问题本身，试着问自己这么几个问题：

1.这个问题是不是错误的?或者说是多余的?

2.可否将该问题颠倒过来看?

3.该问题是否可以换另一种表述方式?可否用另一个问题来替换?

4.可否将注意力换一个方向?

当你问完这几个问题后，你会发现原来百思不得其解的答案竟然就在你的身边。

不要嘲笑牛群愚笨，我们也存在习以为常之类的思维误区。我们对习以为常的东西要保持一分审慎的理性，并随时能够从中跳出来。

创新提示★★★★★

不要陷入习以为常的思维误区

澳大利亚是个地广人稀的国家，不仅劳动力价格昂贵，而且很难雇到工人，许多牧场主均为此发愁。有个牧场主用电网把牧场围起来，这样既安全可靠，又不用雇许多牧牛工人。同行对这个做法赞不绝口，说整整一年中没有见到牛群敢靠近它，但又说可惜自己无法效法，担心付不起偌大的一笔电费。

使用电网的牧场主大笑说："别犯傻了，我只通了十天电就把电门关了，这些笨牛是绝不会想到现在的电网跟过去有什么不同的。"

我们完全可以设想，在电网扯上之初，野性不改的牛群肯定不会规矩的。对电网几次"冒犯"之后，它们肯定会悟到点什么。"这家伙招惹不得"，对此，牛群视电网为一堵不可逾越不敢靠近的大墙，渐渐对电网"敬而远之"了。

不要嘲笑牛群愚笨，我们也存在习以为常之类的思维误区。北斗七星是大家非常熟悉的星体，说到它的位置和形状，不少人耳熟能详，说它是"勺子星"。其实，北斗星完全可以用直线连成各种不同的形状，可惜要想把北斗七星看成各种自由的形状并不容易，因为"勺子星"的描述早已让大家习以为常了。这种习以为常，成为一种

“视觉基因”而流传延续下来，对其他形状是极难认可的。

下面这件真实的故事，也是陷入习以为常思维误区之故。说的是一位商人想在美国海关逃税，他将一万双昂贵的皮手套一分为二，将其中10000只左手套先期发往美国。而他却一直不去提这批货物。货物过了提货期限，海关按惯例只好将这批货作无主货物拍卖处理。由于整批左手套毫无价值，那位商人成为独一个买家，只花了极少的钱就把手套全买下了。

海关当局已意识到了其中的蹊跷。海关晓谕下属：务必严加注意，可能有运载一批右手套的船舶到岸。然而，这一切都在那位商人预料之中，他还想到，海关人员会假设这些右手套也会像上次的左手套一样一次整捆运来。

商人当然不会这样做。他的选择是把右手套分装成5000盒，每盒两只。海关人员习以为常地认为一盒是一副。果然此计得逞，第二批货物一路绿灯顺利通过美国海关。

这样商人只交了5000副手套的海关税，再加上第一批货物拍卖时付的一笔小钱，就把一万副手套弄到了美国。

商人巧妙利用人们的思维误区，打的这个漂亮仗，虽说表露出商人的奸诈，也再次提醒我们对习以为常的东西要保持一分审慎的理性，并随时能够从中跳出来。

世界上的一切事都是因一个“敢”字而迈开第一步的。

创新提示★★★★★

敢与不敢

哥伦布是历史上著名的航海家，他出生于意大利热那亚，从小就向往着海上航行，尤其喜欢读《马可·波罗游记》。

马可·波罗是意大利威尼斯人，著名的旅行家，他的足迹遍及中国、缅甸、印度。他的著作《马可·波罗游记》出版后，很快就销售一空，成为畅销书。

《马可·波罗游记》生动地描述了中国、印度等东方国家。在他的眼里，这些富庶的东方国家简直是“黄金遍地，香料盈野”。

通过阅读《马可·波罗游记》，哥伦布一直幻想有朝一日能够远游世界，去亲自游历那诱人的东方乐园。

当时，人们都通过欧洲大陆来到东方。可是，到了哥伦布时代，由于欧洲大陆受土耳其人和阿拉伯人控制，不易通过，于是，人们的目光自然而然地转向茫茫无际的蔚蓝色的大海。要是能够从海上航行到达东方，该有多好!

为此，哥伦布特地请教了意大利的地理学家，得知沿着大西洋一直向西航行，也能抵达东方。

于是，哥伦布制定了一个远航计划，希望能够得到封建君主们的财力物力人力上的支持。首先，葡萄牙国王拒绝了他的建议；接着西

班牙王后招见了哥伦布，表示出对远航计划的兴趣，但没有给予实质性的答复。

一直拖到1491年底，西班牙国王斐迪南二世才接见哥伦布。经历几番周折之后，他总算答应支持哥伦布远航。

不过所有的水手都不愿随哥伦布远征，他们都担心在半途中葬身鱼腹。后来，国王只好从刑事犯中挑选了一批人给哥伦布当水手。另外，国王给了哥伦布几艘破旧的帆船。

1492年8月3日清晨，哥伦布带领87名水手，驾驶着3艘帆船，离开了西班牙的巴罗斯港，开始了人类历史上第一次横渡大西洋的壮举。

没有鲜花，没有礼炮，没有隆重的欢送仪式。谁也不知道茫茫无际的大西洋上，等待着这批由囚犯组成的船队究竟是什么样的命运。

海上的航行生活并不浪漫，相反，显得十分单调而乏味。水连着天，天接着水，水天一色，茫茫无垠。在原始的大自然中，人类显得异常单薄、无助，甚至有些力不从心。

就这样，在海上漂泊了一天又一天，一周又一周，水手们开始沉不住气了，吵着要返航。

要知道，那时候的大多数人都认为地球是一个扁平的大盘子，要往前航行，就会到达地球的边缘，帆船就会坠入深渊!

但是，哥伦布是一个意志坚定的人，他决不会让他苦心组建的船队半途而废，留下终生遗憾。他坚持继续向西航行，有时候，他甚至不得不拔出宝剑，强令水手们向前，再向前。

在茫茫的大海上苦熬了两个月之后，命运终于出现了转机。1492年10月11日，哥伦布看见海上漂来一根芦苇，他和水手们高兴得跳了起来! 有芦苇，就说明附近有陆地!

果然，11日夜间，哥伦布发现前面有隐隐约约的火光。12日拂晓，水手们终于看见一片黑压压的陆地，顿时欢声如雷!

在海上航行了2个月零9天之后，哥伦布他们终于到达美洲巴哈马群岛的华特林岛。哥伦布把这个岛命名为“圣萨尔瓦多”，意即“救世主”。

哥伦布踏上了他当时误认为是“印度群岛”和“日本”的新大陆，并在美洲游历了一番。让他想不到的是，这里不像马可·波罗描述的那样富饶。

1493年3月15日，哥伦布把39个愿意留在新大陆的人留在那里。把10名俘虏来的印第安人押上船，返回了西班牙巴罗斯港。

回来以后，哥伦布顿时成了英雄，受到西班牙国王和王后的隆重接待。科学家、航海家、探险家还有一些附庸风雅的绅士为他举行了一次又一次的欢迎宴会。

正在觥筹交错、欢乐非常的时候，忽然有人高声说道：“我看这件事不值得这样庆祝。大陆是地球上原来就有的，并非哥伦布所创造。他只不过是坐着船往西走，再往西走，碰上了这块大陆而已。其实只要坐船一直向西航行，谁都会有这项发现。”

宴会席上顿时雅雀无声，绅士们面面相觑。这时，哥伦布笑着站起来说：“这位先生讲得似乎很对，其实不然，我们不妨一试。”说着，他顺手抓起桌上放着的熟鸡蛋，看谁能把它小头朝下立在桌面上。大家试来试去，但谁也没有能把它立起来。

刚才说话的那位绅士得意洋洋地说：“既然哥伦布提出了这个问题，那么他自己一定能办到。现在就请他把熟鸡蛋小头朝下立在桌面上吧!”

全场的眼光都朝哥伦布看过来，只见他微笑着，手握鸡蛋，小头朝下，“啪”的一声敲在桌上，手一松，那蛋就牢牢地立在桌上了。

那人高叫起来：“这不能算，你把蛋壳摔破，当然可以站住。”

这时，哥伦布正色说道：“对！你和我的差别就在这里，你是不敢摔，我是敢摔。你我之间只是敢与不敢之别。世界上的一切发现和发明，在一些人看来都是再简单不过的。但是，请您记住：那总是在发明者指出应该怎么做之后。”

这番宣言式的雄辩，赢得了满堂喝彩!

岂止发明是这样，世界上的一切事都是因为一个“敢”字而迈开第一步。

生活中的角角落落，常让人不屑一顾，但不少发明家常从生活的小角落里获得灵感。苹果落地、灯的摆动、河水的涡流等生活的小角落都曾被人盯上过，诞生了伟大的发现发明。

㊋㊌㊍㊎★★★★★

把注意力放在最小的地方

当年，美国向欧洲国家出口方糖，曾为防潮问题大伤脑筋。因为不管密封方糖的纸多厚，也不管包多少层，飘洋过海之后，方糖照样因潮湿而损坏。

美国制糖公司不得不邀请专家攻关，专家们在试验了多种包装和加强密封设计方案之后，仍没办法彻底解决方糖的防潮问题。

后来，有个名叫凯卢萨的青年工人听说了此事，也想着试一试。因为心细如发，凯卢萨有个“一根针”的绰号，他非常善于把注意力放在最小的地方。

凯卢萨善于把注意力放在最小的地方这个优势，这回派上了用场。他想到轮船上用来排放潮气的风筒。凯卢萨随手拿起一根针，在方糖的包装盒上打了几个小孔。这下子竟把防潮问题解决了。凯卢萨获得了方糖防潮技术专利，那家方糖公司向他支付了一百万美金的技术转让费，买回了“钻孔”的权利。

把注意力放在最小的地方，说起来容易，做起来并不简单，要培养这种能力须从以下几方面入手，即关注小亮点，留心小角落，品味小经验。

生活中的某一天也许是普通的，它显得平静、庸常，水波不兴，但因缘际会，小亮点也许会像一尾鱼跃出水面。美国建筑师伊罗·萨里受环球航空公司委托，为纽约肯尼迪机场设计一座建筑，构思多日都没有获得自己满意的方案。一天早餐时，他偶而瞟了一眼放在桌上的一只柚子，柚子的外壳吸引了他的目光，使他豁然开朗。过了一段日子，萨里拿出的设计方案，让建筑学界为之一振，有人描述萨里的佳作是“一种完全流体的式样，把弯曲和环转包涵其内，使人联想到大鸟的飞翔……”。

一只柚子成为萨里眼前的亮点，使他一夜成名。

生活中的角角落落，常让人不屑一顾，但不少发明家常从生活的小角落里获得灵感。苹果落地、灯的摆动、河水的涡流等生活的小角落都曾被人盯上过，诞生了伟大的发现发明。

品味小经验，就是从生活经验出发，通过回味、反刍而获得升华，从中汲取智慧。许多人知道，在灌开水时，最好不要灌得太满，应使瓶中水面距瓶口软木塞底有段距离，这样能增强保温瓶保温效果，是不少人都有的经验。这是因为空气的传热能力比软木差，在瓶口处留段空穴自然而然地就提高了保温瓶的保温能力。有人通过品味这一生活经验，发明了一种带气囊的新型保温瓶塞，这种瓶塞仅是在传统瓶塞下加了一个塑料压制的气囊而已。方糖防潮技术与此也有异曲同工之妙。

我们生活中的小亮点、小角落、小经验又有多少啊！尝试着把注意力放在这些最小的地方，也许是成功的第一步。

“懒人思维”现在已不是“懒人”的专利了，它作为一种重要的思维方法被人们用来指导自己的思维和实践。

㊓㊔㊕㊖★★★★★

“懒人思维”

据说，一百多年前，有个叫汉弗莱·波特的少年，人家雇他看一台蒸汽机。任务是每当蒸汽机的操纵杆落下来的时候把蒸汽放掉。少年是位懒汉，他觉得这活儿太累人，便盯着蒸汽机动脑筋，于是在机器上装了几条铁丝和螺栓。这样，阀门就可以靠这些东西自动开关了。这么一来，他不但可以脱身走开，玩个痛快，而且蒸汽机的工效立刻提高了一倍。他懒洋洋地发现了往复式活塞的原理。

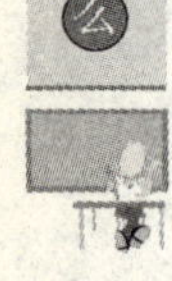

我们许多人都知道，发明常常来自于那些不知疲倦的科学家、发明家，但未必知道懒人常常奉献发明的硕果。“懒人”由于洋溢着摆不掉的“惰性”，如何少几几步路、少用几分力气、少流几滴汗水?往往左右着他们的思维走势。“懒人”为了节省力气，发明了劳动工具；为了免受行路之苦,“懒人”最早产生了车的创意；现代农业机械都带有座位，最初想到座位的人不一定是勤快的农夫，这个主意大约也是想坐着干活的“懒人”想到的。

人们仰慕的杰出人物，被人冠以诸多的褒词加以颂扬。其实，他们相对于一些同事来说，也是“懒汉”。研究人员把各行各业的优秀工人的劳动动作拍成影片，判断一种工作最少可以用几个动作完成。

结果发现，最优秀的工人毫无例外地全是“懒汉”。他们懒得连一个多余的动作都不肯做。而勤快一些的工人的效率要低得多，因为他们不在乎把力气花在多余的动作上。同样，卓越的科学家，最善于学习继承消化前人所取得的科学成果，他们不愿意重走前人走过的老路，他们既善于“坐享其成”，又善于寻找捷径，结果他们跑到了他人的前面。

“懒人思维”现在已不是“懒人”的专利了，它作为一种重要的思维方法被人们用来指导自己的思维和实践。依据省力、方便、舒服的“懒人心理”，发明家和制造商先后发明制造了自动出膏的牙膏、遥控电视、自动伞、电子计算机等适合“懒人”胃口的新产品。过去学者到图书馆查阅资料，有时如大海捞针，现在一台电脑在手，调阅资料得心应手。20世纪90年代在全国推广的一种名叫“懒棉花”栽培技术就是一朵科学奇葩。大家知道，近半个世纪以来，我国棉花由全国平均亩产20公斤上下的粗放种植，一步步推进到平均亩产50多公斤的精细栽培。许多人包括一些专家的思路老是在围绕着“向精细栽培要产量”上打转转。精细栽培技术种一茬棉花要中耕七八次，整枝打杈四五遍，成本越来越高。山西省一位只有初中文化的青年农民曹生吉，一心想的是摸索“少出力、少花钱、多收棉”的路子，被周围的人视为异想天开的“懒汉”。就是这位“懒汉”发明了“不用中耕、不用整枝”的“懒棉花”栽培新技术。采用这种新技术，棉农在省工、省力、省钱的情况下，产量可比常规技术增产50%。曹生吉的成功堪为运用“懒人思维”创造的范例。

多年来，我们笃信“勤奋出智慧”，钟情于为科学创造洒下漉漉汗水。如今，透过“懒人思维”是否也该为“懒人出智慧”投下衷情的一票呢？

第五辑

谁是世界上失败最多的人

人们的创造性是生来就有的，只是后天随着年岁的增长，人的创造性遭到了教育、文化、社会、环境等的抑制。

㊋㊌㊍㊎★★★★★

创造真的很简单

世界著名建筑大师格罗培斯设计的迪斯尼游乐园，经过三年的施工，马上就要对外开放了，然而各景点之间的路该怎样铺设还没有具体的方案。施工部打电话给正在法国参加庆典的格罗培斯大师，请他赶快定稿，以便按计划竣工和开放。

格罗培斯大师从事建筑研究40多年，攻克过无数个建筑方面的难题，在世界各地留下了70多处精美的杰作。然而建筑学中最微不足道的一点——路径设计却让他大伤脑筋。对迪斯尼游乐园各景点之间的道路安排，他已修改了50多次，没有一次是让他满意的。接到催促电报，他心里更加焦躁。巴黎的庆典一结束，他就让司机驾车带他去了地中海海滨。他想清醒一下，争取在回国前把方案定下来。

汽车在法国南部的乡间公路上奔驰，这儿是法国著名的葡萄产区，漫山遍野到处是当地农民的葡萄园。一路上他看到无数的葡萄园主把葡萄摘下来提到路边，向过往的车辆和行人吆喝，然而很少有人停下来。

当他们的车子进入一个小山谷时，发现那儿停着许多车子。原来这儿是一个无人葡萄园，你只要在路旁的箱子里投入五法郎就可以摘一篮葡萄上路，据说这是一位老太太的葡萄园，她因年迈无力料理而想出这个办法，起初她还担心这种办法能否卖出葡萄，谁知在这绵延百里的葡萄产区，总是她的葡萄最先卖完。她这种给人自由，任其选择的做法使大师深受启发，他下车摘了一篮葡萄，就让司机调转车头，立即返回了巴黎。

回到住地，他给施工部发了封电报：撒上草种提前开放。

施工部按要求在乐园撒了草种。没多久，小草出来了，整个游乐园的空地被绿草所覆盖。在迪斯尼游乐园提前开放的半年里，草地被踩出许多小道，这些踩出的小道有窄有宽，优雅自然。

第二年，格罗培斯让人按这些踩出的痕迹铺设了人行道，1971年的伦敦国际园林建筑艺术研讨会上，迪斯尼乐园的路径设计被评为世界最佳设计。

在这个世界上，不知道怎么办的时候，选择顺其自然，也许是最佳选择。同样，人在生活中无所适从的时候，选择顺乎本性，也许不失为聪明之举。

人们经常把发明想像得太高深、太神秘、太复杂，这种想法本身就阻碍了他们的创新。发明往往是很简单的。

多年前，有一家酒店的电梯不够用，打算增加一部。于是酒店请来了建筑师和工程师研究如何增设新的电梯。专家们一致认为，最好的办法是每层楼打个大洞，直接安装新电梯。方案定下来之后，两个专家坐在酒店前厅商谈工程计划。他们的谈话被一位正在扫地的清洁工听到了。

清洁工对他们说："每层楼都打个大洞，肯定会尘土飞扬，弄得乱七八糟。"

工程师瞥了清洁工一眼说："那是难免的。"

清洁工又说："我看，动工时最好把酒店关闭些日子。"

工程师说："那可不行，关门一段时间，别人还以为酒店倒闭了呢。再说，那也影响收益呀。”

“我要是你们，”清洁工不经意地说，“我就会把电梯装在楼的外面。”

工程师和建筑师听了这话，相视片刻，不约而同地为清洁工的这一想法叫绝。于是，便有了近代建筑史上的伟大变革——把电梯装在楼外。

还有不少发明，完全是灵机一动或顺手牵羊的结果，那种简单几乎可以用不费吹灰之力来形容。一个食品加工商租船从外地采购了大量的蔗糖和面粉，在返回的大海上遇到了强风暴雨。结果，所有的蔗糖和面粉被淋得透湿，成了糖稀面糊。面对突如其来的厄运，货主一时愁得吃不下饭、睡不着觉。可他并不甘心，寻思着这些糖和面还能派上什么用场。就在这时，他看到船主在烤铁板鱿鱼。看着一片片鱿鱼在铁板上被烤成奇香四溢的佳肴，他突发奇想：这些糖稀和面糊能不能烤成一种奇特的食品呢?

当船主烤完鱿鱼，他马上把糖稀和面糊的混合物放在灼热的铁板上——奇迹出现了。这些经过雨水浸泡而有些发酵的混合物，很快烤熟并意外地膨化开来。拿起一尝，这个正苦于开发不出新产品的食品加工商激动地跳了起来……从此，世界上多了一种酥甜可口、风味独特而便于储运和携带的新式食品。

创新不复杂，发明很简单。那为什么大多数人头脑空空，觉得创意匮乏呢?心理学家们的调查也许有助于我们揭开这个谜。

心理学家的一场创造性测验是分四个年龄层次进行的。他们首先对45岁的年龄层进行测试，发现只有5%的被认定有创造性，接着他们又在25岁到45岁之间的年龄层进行测试，结果竟然也只有5%的人合格。测验继续进行下去，心理学家们发现，17岁年龄段的测试令人鼓舞，有创造性的人的比例上升到了10%，接着更令人惊讶的结果出现了，5岁的儿童中，具有创造性的人竟然高达90%。

这一结果说明什么呢?它说明人的创造性是生来就有的，只是后天随着年岁的增长，人的创造性遭到了教育、文化、社会、环境等的抑制。为什么儿童有创造性呢?儿童对周围的事物有强烈的好奇心，丰富的想像力，敢想敢说，敢试敢闯，发明创新所以变得很简单，而成人丧失了好奇心，不敢想，不敢说，不敢试，丧失了创新精神，创造就由简单变得困难了。

考察一个物体的功用时，要是从物体的基本性质入手去把握认识它可能存在的其他功用，只有这样才能走进思维自由广阔的天地，迎来创造的季节。

㊋㊎㊏㊐★★★★★

创新提示★★★★★

用冰取火想到的

一种物体在一般情况下经常被使用的功用，称之为它的“固有功用”。比如我们想到冰，第一个反应就是它能变成水，能作冷却剂。冰可以用来取火，你想到过吗?其实办法很简单，你把冰块打磨成一块凸透镜的形状，下一步聚日光取火你就可以轻松地办到了。而在冰天雪地的南极，探险队员们还想到了用冰输送汽油的主意。显然，这个创意又一次突破了冰的“固有功用”。

当时的情形是这样的：探险队准备在南极过冬，需要把输送船上的汽油运到越冬基地，但在实地操作时才发现输送管的长度根本不够。大家愣住了。这时一个探险队员突然提出了一个很奇怪的主意，他说“我们可以用冰来做管子”。南极世界滴水成冰，怎样使冰形成管状，而且中途不会断裂呢?探险队员的建议是用医疗绷带缠在铁管上，上面再淋上水让它结冰，然后拔出铁管，冰管子就做成了。用这种方法做冰管子，再一截一截地连接起来，要多长就有多长。不用说，探险队运用这一智慧解决了一大难题。

一种物体基于其本身的质地、形状、颜色及其他特征，常常有几种甚至多种功用,“固有功用”只不过是其中较为常见或经常使用的一种。如果我们的思维摆脱“固有功用”的束缚，再去看一个物体的时候，就会发现他还有许多其他妙用。

这样回过头来，我们思考冰的其他作用就比较容易了。从质地上来说，冰是固体，固体物质的一些功能它也有；冰可以变成液体水，液体和水的一些功能它也具备；冰具有可塑性，可制成各种各样的形状，这样冰的一些其他用途又可以列出不少。从冰的重量、颜色、气味、温度等不同角度还可以想到更多的用途。

“横看成岭侧成峰，远近高低各不同；不识庐山真面目，只缘身在此山中。”在我们考察认识一个物体的功用时，注意它的“固有功用”，是必要的，但更为重要的是从物体的基本性质入手去把握认识它可能存在的其他功用，只有这样才能走进思维自由广阔的天地，迎来创造的季节。

事物的优点与缺点总是相对而言的，两者可以转化，都可以为发明所用。发明家千万不要冷落了缺点。

创新提示★★★★★

“记忆合金”

大家知道，一般金属硬度较大，稳定性强，不容易变形；一旦变形，也难以恢复原状。而有一种合金在较低的温度下会变形，而且变得很软，铸造性强，可以塑造成各种形状；一旦温度回升到一定时候，它又马上恢复成原来的形状。这种合金的特性就像人的记忆功能一样，因此被科学家称为“记忆合金”。

记忆合金具有非凡的本领。举一个例子来说，用记忆合金制成的汽车车身，如车身被撞瘪，只要用开水浇注凹陷的地方，车身在较高温度作用下，就能恢复原来的形状。因为记忆合金“记下”自己在较高温度下被制成的车身形状。

关于记忆合金的诞生，还有一则有趣的故事呢。

那是在1962年，在美国海军研究所军械研究室里，几个专家正致力于一种新型武器的研究。

一天，在加工、制作一个部件时，冶金学家比勒需要一些镍钛合金丝。于是他命令助手去取一些来。

助手遵命来到仓库，只见仓库内所有的镍钛合金都是弯弯曲曲的，没有一根是直的。助手将领回的镍钛合金交给比勒。

"这么弯曲的东西怎么能用呢?"

"仓库里的都是这个样子。"

"那你就把它拉直吧?"

于是，助手把一根根镍钛合金拉直，交给比勒。比勒顺手把它们放在搁板上。

几天后，当比勒需要这些镍钛合金时，他惊奇地发现，这些合金丝又变成弯弯曲曲的样子了。

"这是谁干的?"比勒摇了摇头，忽然好像领悟到了什么:"不，这里面也许有文章。"

他又叫助手把镍钛合金拉直，然后再将它们放在原来的地方。

一段时间后，这些合金又鬼使神差般地变成了曲线状。这是怎么回事?比勒对放置合金丝的周边环境进行认真的观察，证实周围没有存放特殊的化学物品，也不存在电场或磁场。

最后，比勒发现放置镍钛合金丝的地方特别热。原来，在搁板下有一根蒸气管道通过。"莫非原因就在于此?"比勒想。

接着，比勒马上着手做了一个试验：将一根笔直的镍钛合金放在酒精灯上方，慢慢地加热。不一会儿，奇迹果然出现了：这根合金恢复了弯弯曲曲的样子!

无意插柳柳成荫。就这样，比勒发现了合金的记忆功能。

美国宇航局利用记忆合金制成一台月球天线。这种天线在较低的温度下，十分柔软，可以折叠，便于携带；在较高的温度下，它又舒展开，进入工作状态。1969年7月16日，美国"阿波罗"宇宙飞船曾将这种月球天线携带到月球上，宇航员取出一包天线，放在洒满阳光的月球上，结果月球天线徐徐张开，显示出良好的技术性能。

美国航空专家用记忆合金制成各种机械接头。这种机械接头是在较低温度下，将两个管子扣在一起。在常温下，由于记忆合金恢复原形，从而使接头紧锁在一起，绝不会脱开。1970年，这种接头被应用在F—14型战斗机上。

美国发明家班克斯用记忆合金制成一台热机。这台热机利用记忆合金丝在温度相差几十度的水中的形状变化，从而输出功率。它既不需要燃料，也不需要电能，而且不排放废气。它的问世，轰动了世界。目前，科学家正在做进一步的研究，以使它早日得到应用。

此外，记忆合金还被用于制作自动调节电流的开关，能感受冷热的机械手等等。

镍钛合金容易变型，用正常人的眼光看是个缺点。科学家比勒找出了镍钛合金背后的秘密，于是它的缺点竟成了了不起的优点。

缺陷逆用法，玩的就是“缺点变优点”的魔术。这种发明创造技法基本特征就是化弊为利，变短为长。发现事物的特点并不太困难，而找到缺点的利用方向却不容易。导体的电阻消耗电能且伴有发热现象，无疑是个大缺点，但发明家利用电阻发明了电炉，人类还利用膨胀系数大的缺点，发明了温度计等等。

在从事创造性发明活动中，搞点“拉郎配”，乱点一下“鸳鸯谱”，进行一下荒诞的组合，东一榔头、西一锤子，说不定就能撞响发明的钟声。

创新提示★★★★★

“歪打正着”巧成功

1856年夏天，英国皇家学院的二年级学生柏琴，想利用暑假在学校里打工，便去请求正在皇家学院任教的著名德国化学家霍夫曼提供一个机会。

霍夫曼看着这位满脸稚气的18岁青年，心里想：挺机灵，会有出息，但需要好好磨练，就试着问:“你想干点什么?”

柏琴心里也没有数，就说:“您的研究范围很广，随便确定个什么课题，让我试试吧。”

霍夫曼笑了:“随便，那可不行，科学研究决不能随便。我设计的人工合成金鸡纳霜 (后称奎宁) 的实验，正要开始，助手因家中有急事离开了。你就担任我的助手，着手进行这个实验，行不行?”

柏琴立即答应下来。他的化学知识虽然还很肤浅，但他知道，金鸡纳霜是从产于南美洲的金鸡纳树树皮中提取的治疗疟疾的特效药。由于金鸡纳树资源有限，所以不少人正在试验人工合成。如果人工合成成功，将有重要意义。但是柏琴并不知道，这种探索性的实验是非常枯燥的。一开始，他还非常认真，经过多次失败，他的孩子气的性格就耐不住了。

这一天，他照着霍夫曼的指导，对从煤焦油中提取的苯胺，进行加进重铬酸钾的实验，又失败了。正当他准备把试管底部那些讨厌的黑色沉淀物清除掉，重新实验时，忽然来了孩子气。不行，应当把这些黑色废物惩罚一下！他找来了一杯酒精把沉淀物倒了进去，看着这些黑色废物怎样在酒精里"痛苦地挣扎"。出乎柏琴所料，没有多久，那些黑色的东西竟在酒精里溶解成鲜亮的紫色，整个杯子都紫得那么漂亮。柏琴大为吃惊，忽然想到，用这些东西当染料，染出的布该多漂亮啊！不过他并没有立即当真，看看要下班了，他随手拿过自己的白色围巾，放在紫色水里浸泡了一会儿，拎出来挂在院子里的一根绳子上，就离开了实验室。

第二天，柏琴走进院子，发现那条围巾被风吹落在泥地上，夜里的一场雨，又使围巾上溅了许多泥土。柏琴怜惜地捡起围巾洗涤，泥土洗去了，紫色却丝毫不褪。柏琴重新把围巾挂在绳子上，太阳晒了一整天，也毫不褪色。这果真是一种好染料！柏琴激动地向霍夫曼做了汇报。霍夫曼立即检查了这种染料的生成过程，并亲自进行了染色试验，效果果然很好。这时，霍夫曼比柏琴更激动。他像在化学会议上宣布重要成果似地对柏琴说："你成功了，这是伟大的创举！"

在发明创造领域，如柏琴一类"歪打正着"而获得发明的屡见不鲜。"歪打正着"有几分幸运在里面，但也不可否认是发明家敢于打破常规的识见。因此，在从事创造性的发明活动中，搞点"拉郎配"，乱点一下"鸳鸯谱"，进行一下荒诞的组合，东一榔头、西一锤子，说不定就能撞响发明的钟声。

这里还想着重探讨一个问题，就是在"歪打正着"之后的选择。柏琴"歪打正着"合成新染料后，并没有写一篇论文，申报完发明成果了事，而是着手设计生产流程，建厂生产。一年之后，人工合成的第一种染料阿尼林紫 (苯胺紫) 就在柏琴的工厂问世了。

更精彩的好戏还在后头。因发明而建厂，因建厂当了老板，因当了老板而发了大财的柏琴，没有沾沾自喜，止步不前。1868年，柏琴又在化学界争先恐后地试制人工合成香料未果的时候，用水扬酸合成了香豆素，成为人工合成香料的创始人。第二年，柏琴又提出了由蒽制造茜素这一新染料的方法，并很快开始了工业生产。这时的柏琴年纪只有31岁，却跻身于工业化学家的殿堂。

“歪打正着”也许只是发明的序曲，真正的成功还要看以后的路怎样走……这就是柏琴给我们的启示。

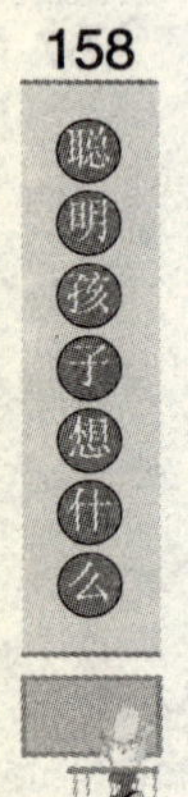

实验出真知，成为科学家、发明家的共识。

创新提示★★★★★

发明是实验的女儿

亚历山大·弗莱明于1881年出生在英国北部。中学毕业后，他如愿考上了圣玛利亚医学院，毕业后比事免疫学研究。

1922年，弗莱明在研究工作中盯上了葡萄球菌。葡萄球菌是一种分布最广、对人类健康威胁最大的病原菌。人一旦受伤伤口就感染化脓，其元凶就是萄萄球菌。可当时人们对它没有什么好的对付办法。

很长一段时间，弗莱明致力于萄萄球菌的研究。在他的实验室里，几十个细菌培养皿里都培养着萄萄球菌。弗莱明将各种药物分别加入培养皿中，以期筛选出对萄萄球菌有抑制作用的药物。可是，一种种的药物都不是葡萄球菌的对手。实验，一次次失败了。

1928年的一天，弗莱明与往常一样，一到实验室，便观察培养皿里的葡萄球菌的生长情况。他发现一只培养皿里长出了一团青绿色的霉。显然，这是某种天然霉菌落进去造成的。这使他感到懊丧，因为这意味着培养皿里的培养基没有用了。弗莱明正想把这只被感染的培养基倒掉时，发现青霉周围呈现出一片清澈。凭着多年从事细菌研究的经验，弗莱明立刻意识到，这是葡萄球菌被杀死的迹象。

为了证实自己的判断，弗莱明用吸管从培养皿中吸取一滴溶液，涂在干净的玻璃上，然后放在高倍显微镜下观察。结果，在显微镜下竟然没有看到一个葡萄球菌！这让弗莱明兴奋不已。

这青霉到底是哪一路“英雄”呢?

弗莱明将青霉接种到其他培养皿培养。用线分别蘸溶有伤寒菌或大肠杆菌等的水溶液，分别放在青霉的培养基上，结果这几种病菌生长很好。说明青霉没有抑制这几种病菌生长的作用。而将带有葡萄球菌、白喉菌和炭疽菌的线，分别放在青霉培养基上，则这些细菌全部被杀死。

弗莱明又将生长着青霉的培养液稀释800倍，可稀释液仍有良好的杀菌作用。

由于弗莱明断定青霉菌会分泌一种杀死葡萄球菌的物质。这种物质要是能用在人身上那该多好啊!

弗莱明将青霉的培养液注射到老鼠体内，结果老鼠安然无恙。这说明青霉分泌物没有毒性。

弗莱明高兴得差点跳起来。青霉分泌物对葡萄球菌灭杀效果好，而且没有毒性，这不是自己梦寐以求的杀菌药物吗?他想应该可以在人身上试一试了。

试验结果正如所预料，青霉分泌物确有奇效，且对人体没有副作用。

不久，弗莱明将这一发现写成论文，于1929年6月发表在《实验病理学》杂志上。他将青霉的分泌物称为“青霉素”。弗莱明的论文并没有得到学术界的关注。弗莱明本人由于不具备提取青霉素的条件，也只好停止这项研究。

刚刚被发现的青霉素，被打入了冷宫。

1939年，第二次世界大战爆发，欧亚大陆上战火滚滚。大量伤病员的治疗，需要比磺胺药更有效的药物。此时，英国的药理学家佛罗理和生化学家钱恩在查阅文献时，发现了弗莱明的论文。他们决心将弗莱明的研究继续下去。这在科学史上，被称为是青霉素的第二次发现。

经过一年多时间的努力，佛罗理和钱恩终于得到了相当纯净的青霉素结晶。他们用几十种病原菌进行了试管实验和动物实验，结果再次充分肯定了青霉素对葡萄球菌等几种病原菌有巨大的杀伤力。

1941年2月12日，佛罗理将青霉素试用在一个患败血病而濒于死亡的病人身上。连续五天注射青霉素，病人的病情大大好转。可遗憾的是，到了第六天时，由于青霉素全部用完，佛罗理眼睁睁地看着病人病情再度恶化，最后死去。

看来，青霉素要得到应用，必须改善提取方法，否则没有一定的产量也谈不上应用。要知道，那时，从100公斤的青霉菌培养液中所提取到的青霉素，只能够一个病人的一天治疗用量。

后来，佛罗理和钱恩发现，生长在烂甜瓜表面的菌种质量高，产量也高；加乳糖和玉米的培养基，青霉菌的产量比过去提高了几倍。于是，青霉素终于开始大批量生产，成为一种价格便宜的特效药物。

在第二次世界大战期间以及此后，青霉素不知挽救了多少人的生命。因此，它被誉为第二次世界大战时期的“三大发明”之一。

为此，弗莱明、佛罗理、钱恩一同获得1945年诺贝尔生理学和医学奖。

科学家和哲学家弗兰西斯·培根说：“应当靠实验来弄懂自然科学、医学、炼金术和天上地下的一切事情。”实验法是获得发明的重要方法。从历史渊源上看，实验方法是在观察方法基础上发展而来的，是观察方法的延伸和扩充。纯感官观察是一种最原始最简单的观察方式，但是这种观察在准确性、客观性和观察范围等方面存有一定的局限，随着现代科学水平的发展，各类用于科学研究的工具和手段越来越多，实验法在发现发明领域得到越来越广泛的应用。实验出真知，成为科学家、发明家的共识。青霉素的发现，主要是运用实验法获得的成果。

就我国发明队伍的现状来说，实验设备落后、实验能力不足的问题相对突出，成为制约发明事业前进的障碍。

一个缺乏实验能力的人，是不会取得重大发明成果的。因此，广大发明爱好者应重视实验，学习实验法，从中提高发明水平，别忘了“发明是实验的女儿” (巴斯德语)。

对于从事发明工作的人来说，练就一双火眼金睛是非常重要的。

创新提示★★★★★

吊灯摆动·气球震荡

英国的一位医生在给学生上课时，用手指在糖尿病人的尿里蘸了一下，然后尝了尝，他要求学生们照他的样子重复一遍。学生们愁眉苦脸依此做了，都说尿是甜的。医生笑着说："如果你们注意观察就会看到，我伸进尿样里的是中指，我舔的却是食指。"对于从事发明工作的人来说，练就一双火眼金睛是非常重要的。

1582年的一天，年方17岁的大学生伽利略，又到比萨大教堂做礼拜。教堂里吊灯高悬，信徒密集，异常安静，只有牧师在娓娓动听地布道。大家都听得出了神，惟独伽利略心不在焉，却对天花板上的一盏吊灯在微风的吹动下不停摆动的现象产生了兴趣。他目不转睛地盯着，按着自己的脉搏数着，猛然惊奇地发现：不论吊灯摆动的幅度多大多小，但时间始终是一样的，这就是著名的单摆等时性原理。根据这一原理，伽利略曾绘制成"摆钟"的图纸。几十年后，荷兰物理学家惠更斯发明了世界上第一架摆钟，实现了人类计量史上的一次巨大的飞跃。

伽利略从司空见惯的灯的摆动现象中，看出了这一现象背后隐藏的秘密，他真不愧有一双火眼金睛。发明家有这么一双火眼金睛的不乏其人，发现次声波的舒来依金值得一提。

1932年复天，前苏联政府组织一帮专家前往北极考察。一位气象学家在前往北极的途中放飞气球时，无意之中把脸贴近了气球，没想到气球竟然发出了一阵令人难以忍受的强烈的振荡，他的耳朵被它刺痛了。

“也许在海上放气球都会这样吧?只不过以前没有发现而已。”气象学家嘀咕了一声，把探空气球送上了天。

就在当天晚上，探险船遇上了强烈的风暴，大海一改往日温和平静的面容，滔天巨浪毫不留情地袭击着“塔依梅尔号”。

于是，那位气象学家在他的航海日志上，记录下这场恶劣的风暴，以及探空气球强烈振荡的怪异现象。

这个看似偶然的现象，在当时并没有引起人们的注意。然而，当前苏联科学院院士舒来依金看到这个记录后，感到很奇怪。难道在海上放飞探空气球都会这样?

“不可能。气球发生强烈振荡，必定是受到某种东西冲击。”舒来依金分析着，“对，可能是受到气流的冲击。可是，这气流又说明了什么呢?为什么当时其他人都没有感觉到，而只有气球才会体现出来呢?”想到这里，舒来依金不由得兴趣倍增，觉得这里头大有文章可做，便决定进行一番深入的研究。

在研究过程中，舒来依金发现气球确实会产生强烈的振荡。但并不是每一次都会发生。而且，如果不凭借气球，人体本身不会直接感受到振荡，大海上必然会出现强烈的风暴。

“难道气球的振荡和海上风暴之间有内在联系?”舒来依金为这个发现兴奋不已。他接着推断：“海上风暴产生，存在一股强大的气流。这气流会掀起滔天巨浪，又形成气流的漩涡，导致气球发生强烈振荡。”

为了进一步确证，舒来依金把从气球上发现的振荡一次又一次地记录下来，将它和声波的振荡进行比较。他发现两者惊人地相似，只不过气球的振荡每秒钟不到20次。所以人的耳朵无法感知得到。

"这就是说，气球的振荡和海上风暴的发生是直接联系在一起的。而且，我们采用这种振荡，能够使正在海上航行的船只预知风暴的来临，以便采取措施，减少损失。"舒来依金断言道。

实际上，这种在气流冲击下产生的振荡，就是我们今天所说的次声波。舒来依金经过细致的分析研究，终于揭开了"海洋的声音"的秘密。

次声波的发现具有重要意义，它不仅能用于预知海上风暴的来临，还能帮助准确测定同温层冷热空气团的分布和变化情况，测定火山喷发及地震震源的方位，探查矿藏，还可以帮助检查埋在地下的电缆是否腐蚀或短路；管道是否破裂或漏水等等。

类比思维，就是借助于两个具体对象之间的某种同构关系，直接从一个对象的已知属性，推导出另一个对象的对应的未知属性。

创新提示★★★★★

类比思维

北京市实验中学初一学生刘俊，有一次帮助妈妈切凉粉，谁知凉粉又软又滑，切出来歪歪斜斜，大小不一，妈妈看了哭笑不得。

刘俊是个爱动脑筋的孩子，把这事记在了心里。几天后，她发现爸爸切松花蛋有个绝招：不用刀切用线勒，不但省力而且切口十分整齐。刘俊由此想到，凉粉、豆腐的质地和松花蛋差不多，能不能这个办法呢?

刘俊想到就干。她用细龙线、小木条等制成了“凉粉、豆腐切割器”，并在北京市西城区青少年发明竞赛中获得了一等奖。

刘俊的发明，运用的就是类比思维法。

所谓类比思维法，就是借助于两个具体对象之间的某种同构关系，直接从一个对象的已知属性，推导出另一个对象的对应的未知属性。

在这里，它只是涉及到两个同构事物组成元素以及它们所包涵的基本关系之间并列的对应关系；当然，这种同构对应关系不是指表面形态的简单相似，而是指事物深层联系的结构相似。这是一种由个别的具体事物推导出另一个个别具体事物 (即由特殊到特殊) 的思维方

法。

例如，人们发现海豚在水中运动的速度极快，原因在于海豚有着流线型的体型和构造特殊的皮肤（具有双层结构，柔软的皮可以相互滑动并吸收移动时产生的旋涡从而减少阻力），于是，人们就把这一原理运用到潜艇设计上，使潜艇的航速大大提高。

类似的事例不胜枚举。如鲁班从茅草划破手而发明了锯子；惠更斯提出光的波动说，是受水波、声波的启发等等。现代“仿生学”的建立，也广泛应用了类比思维法的原理。

青少年在发明中常用类比思维法，因为这种方法形象、直观、生动。青岛市的刘筱锴同学，一天走远路时，觉得鞋里湿漉漉的，穿着很不舒服，他就想着如何改变这种情况。他从人们利用火炉烤东西的习惯，运用类比思维法，产生了发明烘鞋器的念头。

发明课题确定以后，刘筱锴又相继研究了电梳子、暖气片、电熨斗的原理，制作了一个可以放在鞋里面的电热烘鞋器，获得了成功。

上海和田路小学有位方黎同学，在上体育课时看到全班四十几个同学共用一个篮球架练习投篮动作。

那时正是隆冬季节，寒风刺骨，同学们站在冷风里一个接一个地练习投篮，投一次需要等很长时间，一节课中练习的次数很少，投篮进步不快；由于运动不充分，学生们冻得发抖，对投篮失去兴趣。

方黎心想：如果能有一个可供几个同学一起练习投篮的球架该多好啊！从此，她经常思考这个问题，一心想设计出一个可供多人使用的篮球架。

有一天，方黎和三名同学一起去吃早点，四个人各坐方桌的一边。

突然，她眼睛一亮，说：“喔！有了，篮球架有了！”同学们被她吓了一跳，吃惊地望着她。她急忙告诉大家说：“像我们四个人各坐一边，如果做一个东、西、南、北四个方面都有篮球圈的球架，我们上体育课练习投篮不就可以提高效率四倍吗?”同学都拍手叫好。

方黎的小妹妹听说后说:“姐姐,你给我们低年级小朋友也设计一个多用篮球架好吗?”妹妹的一句话提醒了她还要考虑篮球架的高度问题。

方黎想,如果按照我们高年级同学的身高设计球架,学校里低年级同学练习起来就很不方便,如果按低年级同学合适的高度设计,对高年级又不合适。确定球架高度问题又使她为难起来。

她停下来,出神地想着,无意中把眼光落到沙发旁的落地扇上,“噫,落地扇不是可以调节高低吗?如果球架也能像落地扇一样可升可降,问题不就解决了?妹妹的愿望也就实现了。”

想到这里,她高兴得跳了起来,一个可升可降的供多人投篮的篮球架就这样被发明出来了。

方黎同学由坐方桌吃饭想到做一个东、西、南、北四个方面都有篮球筐的球架,由落地扇的升降原理设计出可升可降的球架结构,都是类比思维法帮了大忙。

“约拿情结”似乎有些莫明其妙，但确实曾发生在许多人的身上，我们不得不对此加以重视。

创新提示★★★★★

“约拿情结”

约拿是《圣经》中的人物，他一直渴望得到上帝的宠幸。有一次机会来了。上帝派他去传达圣旨，这本是一桩神圣光荣的使命，可让他如愿以偿。但是，面对突然到来的、渴望已久的荣誉，约拿却莫名其妙地胆怯起来。他逃避了这一神圣的使命。这是一种人的心理所固有的内心冲突：既渴望成功，又害怕成功，尤其害怕争取成功的路上往往要遇到的失败，害怕成功到来的瞬间所带来的心理冲击，害怕取得成功所要付出的极其艰巨的劳动。人类的这种心理表现被心理学家称之为“约拿情结”。

“约拿情结”的阴影我们在赛场上常常可以耳闻目睹。有些曾经创造过辉煌的运动员，在赛台上却由于心理压力沉重，发挥不出应有的水平而惨遭败绩。在科学研究领域,“约拿情结”这个女巫也常常光临。

德国化学家维勒就被“约拿情结”俘虏过。事情是这样的：

1824年，23岁的维勒用氰氢酸和氨水进行化学反应，获得了草酸和尿素。

当时，科学界普遍认为，尿素和草酸只能在动植物体内生成，无法人工合成。无机物不能制造出有机物来。维勒的发现受到不少人的嘲笑，就连他的老师也挖苦说:“如果实验室里能生产尿素，实验室里也可以生产一个小孩。”

年轻的维勒并不害怕这些，他花了4年时间进行研究，验证自己的发现，并于1828年发表了《论尿素的人工合成》的论文。这篇论文揭开了有机化学发展的新纪元。众多的科学家闯进这个领域，新发现一个接着一个。有机化学的黄金时代来到了。

但是，有机化学的开创者维勒却突然停下了前进的脚步。他本来可以轻车熟路地走进去，随手采集到许多珍奇的果子。可惜，维勒却一直徘徊不前。他在一封致友人的信中说:“有机化学当前足够使人发狂。它给我的印象好像是一片充满了最神奇事物的原始热带森林，它是一片狰狞的、无边无际的、使人无法逃出来的丛林，使人非常害怕走进去。”他确实没有走进去。

在有机化学领域，维勒再也没有做出新的发现。他开创了一片新大陆，却害怕走进这个大宝库。“约拿情结”阻止了他前进的脚步。

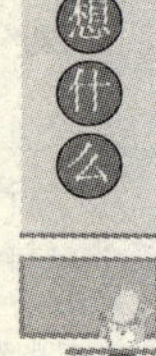

而另一个德国化学家李比希，凭着探险者的勇气，却大步闯进了有机化学的世界。他说:“化学正在取得异常巨大的成就，以异常迅速的步伐发展。希望赶上它的化学家们正处在不断‘脱毛’的状态。不适于飞翔的旧羽毛从翅膀上脱落下来，而代之以新生的羽毛。这样，飞起来就更有力，更轻快。”同时，李比希自觉地进行“脱毛”，加快知识更新和“充电”。

正是这种强烈的成就动机和自我完善，使他在有机化学领域获得了一项又一项成果，成为德国的化学之父。

在发明的入口处，我们应做好两个准备：一是失败的准备，二是做穷光蛋的准备。

创新提示★★★★★

从富翁到穷光蛋的科学天才

如果有人问你知道不知道19世纪英国数字家巴贝奇，你准会摇头。可是，研究科学史的专家认为，他与居里夫人一样伟大。因为他设计出了差分机和解析机，为计算机的诞生扫除了许多理论上的障碍。这一贡献是非常了不起的。

巴贝奇于1792年出生在英格兰的得文郡。他的父亲是一个银行家，也是一位富翁。可贵的是，小巴贝奇没有染上少爷公子的恶习。他崇尚科学，对数学尤为喜爱。在中学时代，他几乎学会了大学的所有代数课程。在大学时期，巴贝奇并不局限于学习数学，而且对诸多的领域表现出极大的兴趣。有一次，他在一册关于航海的图书中，发现英国编制的航海表中有一系列错误。

巴贝奇想对航海表进行修订。可是，这要计算许许多多的数据，要制许许多多的表格。当时，虽然已有帕斯卡和莱布尼兹的机械式计算机，但实际应用起来并不尽如人意。由此，巴贝奇萌生了研制“会制表的机械”的念头。

此后，在课余时间，巴贝奇开始了这方面的研究。

大学毕业后，巴贝奇留校任教授。他在数学研究方面，取得了丰硕的成果，成为一名著名的数学家。1816年，他被选为英国皇家学会会员。与此同时，他并没有放松对“会制表机器”的研制工作。

研制工作进展缓慢，因为巴贝奇不仅要制造单个部件，而且还要造一些机械来制作这些部件。可巴贝奇并没有被困难吓住。他一个部件一个部件地加工。

1822年，巴贝奇终于研制出了第一台“会制表的机器”——差分机。它有3个寄存器，每个寄存器有6个部分，每个部分有一个字轮。它可以编制平方表和一些其他的表格，还能计算多项式的加法，运算的精确度达6位小数。

差分机的研制成功，极大地鼓舞了巴贝奇。他发现这是一个大有作为的天地。他的“野心”更大了。他在给英国皇家学会主席的信中，提出准备造一台比这台差分机大得多的差分机，它应当可以处理20位数，有7个20位的寄存器，并且还附设了印刷装置，可以直接将结果制成表格。这台新的差分机可用于编制天文和航海表。

英国政府认为巴贝奇的“新机器”颇有意义，给予1.7万英镑的研制资金。

1823年，巴贝奇开始研制“新机器”。计划原定两至三年完成，估计制成的机器重约两吨。可是，限于当时的机械制作工艺水平，所研制的部件精度不够，再加上在研制过程中，巴贝奇不断地修改设计方案，引起工程人员的不满，以致纷纷离开研制小组，因此，工作进展缓慢。

10年过去了，巴贝奇只完成“新机器”的一部分，可政府资助的经费早已用完，巴贝奇自己还花费了1.3万英镑。巴贝奇还指望政府予以进一步的资助，可政府认为这是在造一部“吃英镑”的机器，因此不予资助。巴贝奇毫无办法，只好中断研制工作。半成品的差分机连同它的全部图纸，被送至伦敦的皇家学院博物馆保存。

巴贝奇虽然无奈地中断了差分机的研制工作，但他在这方面的热情不减。1834年，他又设想出了一个更新的机器。它的计算性能远远超过差分机，能进行各种算术和逻辑运算，能解多元方程。巴贝奇称它为“解析机”。

按照巴贝奇原设想，解析机的结构相当复杂，它包含了现代计算机的一些主要思想。

从这以后，巴贝奇夜以继日地进行解析机的设计工作。为了集中精力搞好这项工作，巴贝奇在1839年辞去了剑桥大学卢卡斯教研室教授的职务。这可是一个地位显赫的职务啊！教研室的第一位教授是牛顿的老师博罗，第二位是牛顿。但对巴贝奇来说，没有比发明创造更重要的了。他画了2000多张原比例的机器及其单个部件的设计图纸，图纸上共画5万多个零件。

要完成解析机的研制工作，必须得到社会及各界人士的支持，否则，如此浩大的工程靠个人的力量是绝对无法完成的。为了宣传他的设计思想，巴贝奇四处演讲。可由于他的设计思想太超前，再加上他有过失败的经历，因此绝大数的人对他的设计方案不感兴趣，只有英国大诗人拜伦的独生女儿——阿达·奥古斯塔以及她的丈夫，给予巴贝奇极大的支持。

由于政府不支持，学术界的专家们不感兴趣。巴贝奇只好自己一点一点地干。可他耗尽财产，弄得倾家荡产，一直到1871年他去世时，家里一贫如洗，也没能制成解析机。

可巴贝奇的绝妙构思为后人留下了一笔巨大的财富。后来的计算机研制专家无不为巴贝奇的设计方案喝彩。现代计算机的先驱之一，美国的艾肯博士感慨地说：“假如巴贝奇先生晚生70年，我可就得失业了。”

发明家并非都是富翁。发明家也并非都能够成功。巴贝奇至死也没制造出他梦想发明的机器。

许多人一生平庸，不是缺少机会，缺少知识，而是缺少自信。

创新提示★★★★★

索尼的神话

许多人一生平庸，不是缺少机会，缺少知识，而是缺少自信。让我们来看看木原信敏的故事。

木原信敏1947年3月技校毕业，到索尼公司来报到时，这家公司像“破牛棚”一样寒酸，他见了想:“这算什么企业?”心里凉了半截。再一看，公司的产品更是可笑：一些工人在两张厚纸间夹上镍线，再糊好，外面蒙上漆布，就算做成了一件“电热毯”。当时虽然产品的销路还说得过去，但安全上却不敢恭维，经常出现把用户裤子烤焦、被子烧糊的情况。总之，公司是“过一天算一天”地维持着。

好在当时的社长井深大不甘于此，不久就决定开发新产品，打开新局面。在木原来了半年之时，由于他是中技生，略懂技术，社长就向木原发出了“开发录音机磁带”的命令。他们弄来了一台钢丝录音机，拆开研究。当时正值日本战败，物质严重馈乏，找不到录音用的0.1毫米粗的不锈钢钢丝。而且他们还发现，钢丝录音机的钢丝一旦断裂也极难修理，对磁头的磨损又大，噪音也厉害，录音效果不好。木原想:“如果在纸带上涂上磁粉，不知能否代替录音钢丝?”于是，木原找来几本制造磁铁的书读了起来。本多光太郎的书中写道:“把草酸二铁加热，使其中的二氧化碳和水份蒸发，就能得到针状的氧化铁；把氧化铁捣实，就可制成棒状磁铁……”。可是木原想："要是把氧化铁粉末涂在纸带上，不知行不行?”他们说干就干，把买来的草酸二铁放在平底锅里烧，渐渐地这种黄色粉末变成了茶色，再变成黑色，最后又变成了鲜红色的鳞状物。当时正是夏末，天气炎热，他们个个干得大汗淋漓也不知晓。最后再粉碎一下，终于得到了细细的氧化铁粉末。

首先，木原和他的助手们将饭粒捣烂，与氧化铁粉末拌在一起，涂在纸带上，上录音机一试，因噪音太大失败了。后来，他们又将清漆和氧化铁粉拌在一起，用喷枪喷在纸带上，上机后发现终于能录上一点小声音了。可是，声音小会不会是喷得不匀呢?假如用刷子，“改喷为刷”，这一次发现效果全然改观了。

在多次试验中，木原还觉得，氧化铁粉越细越好，他们又向帕皮黎奥化妆品厂取经，制成了“超细磁粉”，从根本上解决了问题。

这样，“前无古人，后无来者”的录音机磁带终于被他们完成了，当他们聚在一起，听到了自己录上的“今天天气晴朗”这句话音时，不由得激动万分、乐不可支。当晚，木原一夜未眠，又彻夜研究起制造录音机设计图来。从第二天起，他们又意气风发地投入到录音机的制作上。用了一个星期，他就完成了一号试机的制作。到了4个月后的1950年1月，全部国产化的G型试机又告成功，引起了社会的广泛关注。

《每日画报》3月15日刊以“此产品将在日本大量投产，被誉为‘会说话的纸带’之磁带录音机，可望成为‘会说话的杂志和报纸’那样，成为人们必不可少的用具……”对它的发展前景，给予高度的评价。

磁带录音机商品化后，他们又开始琢磨，既然声音能用磁带录下来重放，那么图像肯定也能录下来重放，搞录像机吧！于是大家都干劲十足，跃跃欲试，这是1953年的事情。

木原首先是进行“固定式磁头录像机”的研制，到当年的10月，黑白录像机的试机已完成，在当时，他们又完成了旋转磁头（即磁鼓）的设计，可用于彩色录像。可是当他们向能产省（类同我国的工业部）申请贷款时，却被当做“不切实际的想法”而遭到拒绝，这使得索尼公司不得不把精力投向晶体管收音机研制，放弃了原先的打算。遗憾的是，到4年以后，美国的安贝克斯公司却抢先一步开发出彩色录像机，消息传来，井深大社长十分惋惜，立即下达指令:“重新开发彩色录像机。”现在看来，当时索尼公司没有将“旋转磁头”申请专利，是一大失策。

美国开发的彩色录像机使用的是2cm宽的磁带，机内设4只磁头，机器又大又笨。

当时因为是和NHK技研所共同开发此产品的，强调独创精神的本原也不得不对美国的样机进行仿造。首先是对照美国样机的线路图进行再设计，但是在关键部位，却出现了详情不明的情况，例如磁头和电动机的部分，所以不得不将这些部件，逐个解体、逐件仿制。

由于时间紧，他们感到压力很大，但大家通过一番奋斗，还是在当年的12月份造出了国产第1号样机，并且在成本上也“胜人一筹”，美国安贝克斯的制品售价为3000万日元，而日本的样机价格仅及它的1/4。

美国的彩色录像机，是个内装20个电子管的庞然大物，很不适用，索尼公司对它进行了“晶体管化”的研究，至1960年1月，晶体管彩色录像机就已推上了三越百货公司的柜台。

在对美国产品的改进中，索尼公司还进行了一系列的再创造。譬如：美国录像机中记录信号用的输出电子管用了4只之多，是一种用固定电流方式来记载信号的方式，在此方式下，功率多半被阻抗吞食，所以要用很高的频率来保证电流的固定值。

元件多，体积就大，而木原为了不使阻抗吞食功率，让电流直接从晶体管流向磁头，电流强度用均衡器调节，改成这个方式后，使彩色录像机变得小而轻了，成本也大大降低。

此外，美国录像机的磁头在旋转时，不仅电极滑坏磨损，还会因此造成噪音。而磁头一坏，就相当于损失了几万日元的配件，很不合算。为此木原开发了非接触式的无电极旋转马达，采用后，磁头耐用了，噪音问题也彻底解决了。

就这样，索尼制出了胜人一筹的轻、薄、小、廉的彩色录像机，并返销美国，为自己带来了滚滚的财源。

许多人一生平庸，不是缺少机会，缺少知识，而是缺少自信。“我懂什么?我能行吗?”自认“不行”也许就永远不行了。木原信敏只是一名技校毕业生，踏上发明道路之始，对录音带确实“一无所知”。但木原信敏靠着挑战未知的勇气，终于步入了发明王国。

获得大量创意的一个关键之点，就是不要轻视和排斥那些蹩脚的和粗陋的观念。蹩脚的方案往往是形成优秀方案的基础或向导。

创新提示★★★★★

以量求质

现在要你从一筐苹果中挑选一个最好的苹果，你将如何选择呢？想到的办法可能是这样的：把一筐苹果一一筛选，从中选出最好的一个。不会有人把最先抓到手的一个苹果，认定为是最好的苹果，除非他是傻子。当然，也不会有人一走进百货商店，就把见到的第一个售货员当做最优秀的售货员。

评定最好的东西，一定要经过筛选——这是大家熟知的一条经验。

人的思维习惯却不是这样，而是恰恰相反。面对问题，习惯上喜欢采用出现在头脑中的第一个方案、第一个设想或第一个解释。这种先入为主的倾向证明——人的思维存在一种惰性，凡事当头，想到什么主意就用什么主意，有了一个主意，一般就不再想第二个主意。

创新思维并不否定第一个观念、第一个设想、第一个方案的价值。也许，第一个就是最棒的、最佳的。但是研究结果表明，没有观念的量就没有观念的质，广开思路，一百个创意的质量可能要好于一个创意。正如一位学者之妙喻——“一窝跳蚤，只要数量适当，就敌得过一条狗——它被它们弄得狂躁不宁，却又无可奈何。”

创新思维专家指出：优秀的创意大多出在考虑问题阶段的后期，而不是早期，越往后的方案包含的新意越多。这一点实际上并不难理解，因为前面的方案刺激、启发了后面的方案；占有大量方案有助于实现思维的多元化，有助于保证思维的新颖性和独创性。爱迪生发明白炽灯时曾考虑过3000种不同的方案，最后他才找到了满意的一种，假若试验仅有十几个或几百个方案，那么，白炽灯的发明权恐怕就要易主了。

观念的量是创造性思维的核心。获得创新观念的关键是产生大量的观念。大部分测量创造力的测验，都把产生量大质异的观念的能力，作为衡量一个人的创造能力的中心指标，其新观念越多，创造能力越强。诺贝尔奖金获得者，著名科学家林纳斯·鲍林写道："获得一条最佳观念的方法是获得大量观念。"

江河不拘细流，才能浩浩荡荡，一泻千里。获得大量创意的一个关键之点，就是不要轻视和排斥那些蹩脚的和粗陋的观念。事实告诉我们，优秀的方案总是姗姗来迟，总是在充分考虑过大量的方案，包括蹩脚的方案之后才会出现。蹩脚的方案往往是形成优秀方案的基础或向导。好的创意就在蹩脚的方案对面。

量产生质。在记下您的一个个创意的时候，不要单纯去评价哪一个创意的价值，您得到的创意愈多，愈容易得到最优秀的创意；枪法不好，多放也可命中。——在众多方案中，总有几件碰巧是出色的。

爱迪生仅发明电灯就用了6000多种材料。也就是说，他曾经为电灯的发明失败了6000多次。如此算起来，爱迪生一生获得了几千个发明成果，至少失败过上万次，他可谓是世界上失败次数最多的人。

㊣创新提示★★★★★

谁是世界上失败最多的人

爱迪生一生发明了许多东西，然而，能够立即受到人们欢迎的却只有电灯。因为电灯的好处是人们摸得着看得见的。早在1821年，英国科学家戴维和法拉第就发明了一种叫电弧灯的电灯。这种电灯是用炭棒作灯丝，它虽然能发出亮光，但是光线刺眼，耗电量大，寿命也不长，因此很不实用。

“电弧灯不实用，我一定要发明一种灯光柔和的电灯，让千家万户都能用得上。”爱迪生暗暗下决心。

于是，他开始试验作为灯丝的材料：

用传统的炭条作灯丝，一通电灯丝就断了。

用钌、铬等金属作灯丝，通电后，亮了片刻就被烧断。

用白金丝作灯丝，效果也不理想。

就这样，爱迪生以极大的毅力和耐心，试验了6000多种材料。一次次的试验，一次次的失败。很多专家都认为电灯的前途黯淡。英国一些著名专家甚至讥讽爱迪生的研究是“毫无意义的”，是“在干一件蠢事”。一些记者也报道:“爱迪生的理想已成泡影。”

面对失败，面对有些人的冷讥热嘲，爱迪生没有退却，他明白，每一次的失败，意味着又向成功走近了一步。

一次，爱迪生的老朋友麦肯基来看望他。麦肯基看到爱迪生玩命地工作，忧心忡忡地说：

“先生，您可别累坏了身体!”

爱迪生望着麦肯基说话时一晃一晃的长胡须，眼睛突然一亮，说：

“胡子，先生，我要用您的胡子。”

麦肯基剪下一绺胡子交给爱迪生。爱迪生满怀信心地挑选了几根粗胡子，进行炭化处理，然后装在灯泡里。可令人遗憾的是，试验结果也不理想。

“那就用我的头发试试看，没准还行。”麦肯基说。

爱迪生深深被老朋友的精神感动，但他明白，头发与胡须性质一样，于是他没有采纳老人的意见。麦肯基小坐了一会儿，就要告辞了。爱迪生起身，准备为这位慈祥的老人送行。他下意识地帮老人拉平身上穿的棉线外套。突然，他又喊道：

“棉线，为什么不试试棉线呢?”

麦肯基毫不犹豫地解开外套，撕下一片棉线织的布，递给爱迪生。爱迪生把棉线放在U形密闭坩锅里，再把坩锅放进火炉，用高温处理。棉线经这样炭化处理后，再取出来。爱迪生接着用镊子夹炭化棉线，准备将它装到灯泡内。可由于炭化棉线又细又脆，加上爱迪生过于紧张，拿镊子的手在微微颤抖，因此，棉线被夹断了。最后，费了九牛二虎之力，爱迪生才把一根炭化棉线装进了灯泡。

此时，夜幕降临了。爱迪生的助手把灯泡里的空气抽走，小心翼翼地封上口，并将灯泡安在灯座上。一切工作就绪，大家静静地等待着结果，接通电源，灯泡发出金黄色的光辉，把整个实验室照得通亮。爱迪生和他的助手们无比兴奋，他们互相拥抱，互相祝贺。13个

月的艰苦奋斗，共用了6000多种材料，试验了7000多次，终于有了突破性进展。

但这灯泡究竟会亮多久呢?

爱迪生和他的助手聚精会神地注视着灯泡。1小时，2小时，3小时……这盏电灯足足亮了45个小时，灯丝才被烧断。这是人类第一盏有实用价值的电灯。这一天——1879年10月21日，后来被人们定为电灯发明日。

"45小时，还是太短了，必须把它的寿命延长到几百小时，甚至几千小时。"爱迪生没有陶醉于成功的喜悦之中，而是给自己提出了更高的要求。于是，他又继续做试验。受棉丝试验成功的启发，他又试用了椰子鬃、麻绳等，结果都不尽如人意。

一天，天气闷热，爱迪生满头大汗，浑身都几乎湿透了。他顺手取来桌面上的竹扇，一边扇着，一边考虑着问题。

"也许竹丝炭化后效果更好。"爱迪生简直是见到什么东西都想试一试了。

试验结果表明，用竹丝作灯丝效果很好，灯泡可亮1200小时。

后来，经过进一步试验，爱迪生发现用炭化后的日本竹子作灯丝效果最好。于是，他开始大批量生产电灯。他把生产的第一批灯泡安装在"佳内特号"考察船上，以便考察人员有更多的工作时间。此后，电灯开始进入寻常百姓家。

后来，人们使用这种用竹丝作灯丝的灯泡几十年后，又对它进行了改进，即用钨丝作灯丝，并在灯泡内充入惰性气体氮或氩。这样，灯泡的寿命又延长了许多。我们现在使用的就是这种灯泡。

爱迪生仅发明电灯就用了6000多种材料。也就是说，他曾经为电灯的发明失败了6000多次。如此算起来，爱迪生一生获得了几千个发明成果，至少失败过上万次，他可谓是世界上失败次数最多的人。

“发明家常常被碰得头破血流”。富尔顿失败了多少次，没有人知道。我们只知道他失败一次，接着奋起一次，每次失败都成为他新的起点。

创新提示★★★★★

屡败屡战的轮船之父

富尔顿1765年出生在美国宾夕法尼亚州一个农场里。由于家庭生活贫困，他一入小学就不得不一边读书，一边到机器铺做工。17岁时开始边打工，边学习绘画。1786年他赴英深造，这期间勤奋学习了数学、化学、物理等科学知识。富尔顿从小酷爱发明创造，从少年时代起就一直幻想制造出一种不用人力和风力便能在水上行驶的船。

1796年，欧洲又燃起战火，英俄组织了反法同盟，向法国开战。富尔顿因为是爱尔兰人的后裔，爱尔兰民族历史上曾受英军的欺压，所以富尔顿自告奋勇找到法国巴黎的一位将军，提交了试制潜艇的计划，想帮助法国政府打赢这场战争，可是那位将军并没有接受富尔顿的建议。

富尔顿决定自己通过卖画筹措经费，自行研制潜艇。3年过去了，他研制的“鹦鹉螺号”潜艇下水成功。法国皇帝拿破仑破例接见了他，还赏了他一笔钱。可在“鹦鹉螺号”受命攻击英国军舰时，潜艇由于动力不足，两次受挫。拿破仑对富尔顿大骂一顿，对潜艇失去信心。

富尔顿研制潜艇的计划夭折了，但富尔顿却取得不少建造蒸汽轮船的经验。顺便提一句，富尔顿的这一大胆尝试，曾激起了法国作家凡尔纳的创作热情和灵感，使他写出并在1870年出版了《海底两万里》这部著名的科学幻想小说。在这部小说中，他把那艘潜水艇也起名为“鹦鹉螺号”。而凡尔纳的科学幻想，后来又激起人们制造机器动力潜水艇的热情。

用蒸汽机来推动船舶前进，并不是一件容易的事。富尔顿首先把设计出来的蒸汽轮船做成模型，然后进行模拟试验。每次试验都详细记录了各种技术数据，然后制成表格比较。这中间，他经历了许多次的失败，但从不灰心失望。

两年过去，富尔顿终于掌握了船的吨位与动力大小的比例、船身的长度与宽度的比例以及桨轮大小等问题，设计出实用的蒸汽轮船的图纸。

他兴冲冲地去求见拿破仑。拿破仑为了显示自己重视科学技术，只好接见了他。

富尔顿激动地说：“我已想出了征服英国海军的办法，如果照我的法子办，英国很快就会俯首称臣。”

拿破仑正在为海战失利而发愁，他的铁骑已踏遍欧洲，就是海军屡屡受挫，一听富尔顿有办法，马上来了精神，问：“你有什么计谋?”

“我建议砍断桅杆、撤去风帆，把木板换成铁板，用蒸汽机作为战船动力，这样，贵国战舰就能战胜英国战舰。”

“什么什么?你说什么?”拿破仑以为自己听错了，“你再说一遍!”富尔顿又重复了一遍。

拿破仑一听就火了，军舰没有帆能走吗?木板换成铁板不就沉下去了?蒸汽机怎么可以用于战舰呢?他大声问道：“你是不是英国派来的奸细?”

“我……”富尔顿被拿破仑问懵了。

接着，拿破仑对着富尔顿一顿臭骂：“你这个不怀好心的家伙，竟然来欺负我无能……给我滚出去！滚!”

卫兵立即上前来赶富尔顿，富尔顿夺门而逃，身后传来了拿破仑的吼声:“永远不许你来见我!”

拿破仑轻率地赶跑了富尔顿，失去了战胜英国海军的机会。如果拿破仑支持富尔顿发明轮船，就会很快建立起自己的新式舰队，在与英国争雄时，他的舰队很可能渡过英吉利海峡，攻占英国本土，那时，欧洲的历史就可能是另一番景象了。

拿破仑的谩骂并没有动摇富尔顿建造蒸汽轮船的决心，他率领工人们在塞纳河边开始造船。

1803年8月9日，富尔顿终于建造了一艘长70英尺、宽8英尺、吃水3英尺的船，船的两侧各安一口大桨轮。富尔顿把借来的一台8马力的蒸汽机安装在船上，并装上铜汽锅。富尔顿迫不及待地点火试航。

蒸汽机的活塞来回运动了，桨轮转起来了，轮船动起来了！轮船迎着奔腾而来的河水缓缓行驶，速度与人步行差不多。虽然没有达到理想指标，但富尔顿和工人们十分高兴，这毕竟是自己亲手造的第一艘轮船。

富尔顿还没有高兴完，一件意想不到的事发生了。

就在这天晚上，一场特大的暴风雨袭击了巴黎城。狂风呼啸着扑向塞纳河，河水掀起巨浪，巨浪把船拦腰折成两段，轮船一瞬间就沉入河底。

这次失败沉重打击了富尔顿，经费又使他陷入困境，但他研制轮船的梦依然藏在心中。

1805年，在美国驻法国公使利文斯顿的帮助上，富尔顿又继续大刀阔斧地干了。

两年后，一艘崭新的轮船下水了，它长150英尺、宽13英尺、吃水2英尺，船体两侧各有一个大水军式的轮子，船头和船尾都成60度角，船中央装着蒸汽机。这艘轮船就是后来名扬四海的“克莱蒙特

号”。

纽约居民从来没有见过这样的船，议论纷纷。有的奇怪，有的怀疑，有的讽刺，有的嘲笑，说什么的都有。

“这是什么船？没有橹，没有挂帆的桅杆。”一个人问。

“这还不知道？它叫‘富尔顿的蠢物’。”其他几个答道。

对这些冷嘲热讽，富尔顿毫不介意，他专心致志地做试航准备。

1807年8月17日，“克莱蒙特号”轮船要在哈得逊河上进行试航。富尔顿邀请各界人士前来观赏。

随着富尔顿“开船”一声令下，顿时机声大作，烟囱里吐出浓浓的黑烟，大桨轮迅速转动起来，桨片拍打着河水，浪花飞溅。“克莱蒙特号”轮船缓缓离开码头，然后以每小时4英里的速度前进。

然而轮船驶出半英里，突然发生故障，桨轮不转动了。船上的贵宾们慌了：难道真要出事！他们惊恐的双眼直瞪着富尔顿。

富尔顿却镇定自若，说了声：“大家不要紧张，很快就会修好的。”说完话后把外衣一脱，带领工人进行抢修。

第二天傍晚，“克莱蒙特号”轮船顺利到达阿尔巴尼城，航行了32小时，运行150英里。这个距离，即使赶上顺风顺水的天气，帆布船也要走48小时。

“克莱蒙特号”受到了阿尔巴尼城居民的热烈欢迎。“富尔顿的蠢物”终于胜利了！

富尔顿并不满足“克莱蒙特号”已取得的成绩。“克莱蒙特号”航行一段时期后，富尔顿就发现它的不足。他将船开到纽约船坞里进行检修和改造。他改进了锅炉，调换了阀门，克服了锅炉和阀门漏气的现象；他和工人仔细堵塞了船上所有船缝，用板遮住锅炉，增设卧铺……经过检修后的“克莱蒙特号”轮船，速度增加到每小时6—8英里，大大缩短了纽约至阿尔巴尼城航班的时间。

1808年，富尔顿又建造了2艘轮船“海神之车号”和“典型号”。

这2艘轮船的性能更加完备，逆风逆水的航行时速达6英里。

1809年，富尔顿组织轮船公司，大量吸收资金，建造各种蒸汽轮船。

富尔顿建造的蒸汽轮船受到美国海军的热烈欢迎。他们请富尔顿设计制造战舰和快艇。一天富尔顿在一艘战舰的甲板上忙碌着，突然狂风暴雨降临了，富尔顿被浇得浑身湿透，不幸得了肺炎，不久就离开了人间。这一天是1815年2月24日。海军官兵为他举行了隆重的国葬仪式。

富尔顿一生设计、制造了17艘轮船。

现在，美国把富尔顿的故乡宾夕法尼亚州的小不列颠县命名为“富尔顿县”，用以纪念这位“轮船之父”。

“发明家常常被碰得头破血流” (爱迪生语)。富尔顿遭遇了多少次失败?可能没有人作过详细的统计，但可以肯定的是他失败一次就奋起一次，失败成为他发明的新起点。假若富尔顿在失败之后就停下脚步，人类乘坐轮船的时间肯定要大大推迟。

第六辑

处处留心皆创意

世间绝大多数人不愿放弃一个钻了一半的孔，在一口井没有收效之前，不愿白白放弃钻孔所付出的代价。

创新提示★★★★★

新井与深井

钻井工人在一个地方打不出水，有两种截然不同的办法可供选择：一种是把原有的井掘得更深；一种是经过勘探优选，再钻一眼新井。

专家常用上面这个例子来解释纵向思维和横向思维。纵向思维是深钻原孔，横向思维是在别处再钻一眼新井。不管你是否熟悉上述两种不同的思维方法，在很多时候，你可能自觉不自觉地在使用着它们。有的人写小说久久写不出力作，就矢志不移的开掘下去。有的则不同，他这时会停下来，在深思熟虑、优化选择后，或掉头写报告文学，或“下海”经商。结果可能一炮打响，实现了自身的价值。

倡导打一眼“新井”，是不是鼓励人不再吃苦，不再拼搏，只走捷径呢?不是。“深井”掘起来不易，“新井”也是一口“深井”，也需人去流血流汗。打“新井”是启迪人们用不同的思维对自身来一次审视，来一个发现，去寻找超越自己的路径，去发现自己真正的潜能所在。曹雪芹终生钻了一眼“深井”——写出了一部《红楼梦》，而名播天下。这说明曹氏“打井”找准了地方。孙中山先生和鲁迅先生早年都立下了“悬壶济天下”的宏愿，但终因国情世运所迫，他们都打了一眼“新井”，最终都成为民族的巨人。他们打的“新井”同时也是一口“深井”。

世间绝大多数人不愿放弃一个钻了一半的孔，在一口井没有收效之前，不愿白白放弃钻孔所付出的代价。正如许多人非常易于继续做同一件事，而不愿想一想是否可以做其他的事一样。其实，打一眼“新井”同样需要勇气和智慧——承认失败的勇气和找准新井位置的智慧。

任何难题都有解决的办法，如果用常规的方法不能解决的话，我们不妨换一种思路，另辟蹊径，难题也许就会迎刃而解。

㊁㊂㊃㊄★★★★★

老鼠打洞与地铁的发明

大家都知道，《封神榜》中有个土行孙，土行孙最厉害的绝招是掘地而行。这看似荒诞不经的神话，如今却已是人们见怪不怪的现实了。现在，地下交通网络——地铁已经成为现代大城市重要的交通工具。

让人难以相信的是，最先萌生地铁这一交通工具念头的，竟然是英国伦敦的一个法官。更令人意想不到的是，竟然是老鼠洞给这位发明者带来了灵感。

19世纪中叶，伦敦人口剧增而城市的马路又窄又小，交通十分拥挤。当时，城市的交通工具仍以传统的马车为主。由于人多路窄，经常会发生道路被堵死、马车撞人的事故，市民们对此怨声载道。

束手无策的伦敦政府决定向人们广泛征询改善当前交通状况的良策。人们提出了各种各样的设想，可这些设想要么实施难度太大，要么无法从根本上解决问题，都未能得到采纳。

一位名叫查理斯的法官，经常处理因交通事故引发的纠纷，对伦敦城市的交通现状体会深刻。他也常常思索着如何改善交通现状。一天，他想到当时刚刚出现不久的火车："如果开通一列火车，不是可以大大改善城市交通状况吗?”可转念一想，又否定了这一设想:“不行，火车在城市里怎么跑呢?”他不是个轻言放弃的人，他相信一定能想出好的解决办法。

一次，他在家做清洁卫生，发现墙角边有个老鼠洞口。查理斯心想:“老鼠真厉害啊，无论在哪里都能打出洞来!”

想到这里，查理斯的脑海中迸发出一串智慧的火花:“老鼠无法在地上活动，就转入地下；火车可不可以也转入地下行驶呢?”查理斯对这一设想进行了论证。经过缜密分析，他认为这是完全可行的。

紧接着，查理斯就正式向政府提出修建地下铁道的建议。政府部门经过十几年马拉松式的论证，终于采纳了查理斯的建议，开始动工修建地下铁路。

1860年，伦敦政府组织了近千名工人，开始修建地下铁道。不料，政府的这一行动遇到了极大的阻力。伦敦居民对这一工程极为恐慌和不满，人们涌上街头，议论纷纷:

“这个法官简直就是不可理喻!”“如果把地下掏空后，地面塌下去了该怎么办啊?”“地下火车随时都会出事，等车祸出来后，看他们怎么收拾!”

很多市民涌入政府办公的地方，要求停止修建地下铁道。有些人甚至上门找查理斯理论，说他这个主意太过愚蠢。最后还是政府部门出面向居民解释了工程的安全性，才渐渐取得了居民的理解和支持。

经过三年多的艰苦施工，世界上第一条浅层地下铁道建成并投入运营。这条地铁由蒸汽机车牵引，车厢由木材制成，客车车厢内用煤气灯照明。刚开始，许多居民出于好奇，争先恐后地乘坐地铁。

可没过多久，人们便对地铁不感兴趣了。他们宁愿乘马车或者走路，也不愿意坐地铁。因为地铁隧道内终日浓烟滚滚，气味呛人。蒸汽机排出的水蒸气、燃料燃烧产生的烟雾、煤气灯泄漏的煤气全聚集在隧道内。在这样的环境下，坐车简直就是受罪!

政府主管部门召集一批专家，对此进行反复的研究后进行了改进：在隧道的顶部开凿了一些孔道。这样，烟雾就可以从孔道排出，隧道内的空气不再那么污浊了。

但这又带来了另外一个难题：行驶在马路上的马，常常被孔道中忽然冒出的滚滚浓烟，吓得狂奔乱跑，引发车祸不断。真是一波未平一波又起。

可不可以让列车不冒烟呢?人们想。此时，电动机正在一些行业崭露头角，有人设想用电动机代替蒸汽机。经过众多专家的努力，1896年，在匈牙利首都布达佩斯，诞生了世界上第一辆电动地铁列车。这辆地铁列车因无污染，行驶速度快，深受人们的欢迎，并随之在世界各地得以迅速推广。

创新源于细节，只要注意生活中的细微之处，你就会发现机遇无处不在，创新思维随时随地都可以被点燃。

创新提示★★★★★

听方向的蝙蝠

你知道超声波是什么吗？简单地说，它是一种人耳听不到的声波。超声波在航空、医学等许多领域中有广泛的应用。

也许你会感到奇怪，既然人耳听不到，那人是怎么发现的呢?这要感谢蝙蝠。

有一天，意大利的科学家斯帕拉捷给他可爱的女儿讲故事。故事中有个麻雀与蝙蝠比赛捉虫子的情节。斯帕拉捷讲道：

“蝙蝠和麻雀都喜欢吃小虫子。这天，它们都说自己捉的虫子多，谁也不让谁。最后，它们决定第二天比试比试。第二天一大早，麻雀就四处去寻找食物，而蝙蝠却在洞里睡大觉。”

“蝙蝠怎么不去寻找食物呢?它忘了比赛吗?”女儿忍不住问。

“蝙蝠当然不会忘了比赛。天黑了，麻雀得意地带着一大堆虫子回来了。等麻雀睡着了，蝙蝠这才飞出山洞，在漆黑的夜里忙碌着。”斯帕拉捷接着讲故事。

“天这么黑，蝙蝠是怎么看得到的呢?” 女儿充满了疑惑。

“哦……” 这个问题把斯帕拉捷给难住了。不过，他是一个对不懂的问题不弄清楚誓不罢休的人。他开始对蝙蝠进行研究。

斯帕拉捷捉来几只蝙蝠，把它们的眼睛蒙起来，然后把它们放飞。可是被蒙住眼睛的蝙蝠还是可以自由自在地飞翔，一点也不受影响。看来，蝙蝠在夜间飞行不是靠眼睛来“看”物的。那是凭借什么呢?他又捉来几只蝙蝠，这次他把蝙蝠的鼻子用布捂住，再放飞。奇怪，蝙蝠还是安全自由地飞走了，不受任何阻碍。

女儿看到爸爸把蝙蝠捉了又放，放了又捉，好奇地跑过来探个究竟:“爸爸，您在干什么呀?”

“我在寻找答案——这蝙蝠为什么能在夜间如白昼一样行动自如呢?”

“肯定是翅膀! 因为它是飞行的!”女儿兴致勃勃地说道。

斯帕拉捷觉得有理，再捉来几只蝙蝠，在它们翅膀上涂了一层油漆，然后放飞。可是蝙蝠还是轻松自在地飞走了，没有撞到一个障碍物。女儿和斯帕拉捷都傻眼了。

蝙蝠的全身都被研究遍了，现在只剩下耳朵了。它不会是用耳朵来辨别方向吧?斯帕拉捷不抱太大希望地把蝙蝠的耳朵堵住。

可是就在此时，奇迹出现了！这次蝙蝠不是撞到墙上就是撞上窗子，东倒西歪全都掉了下来。它们竟然真的是用耳朵在听方向，捕捉目标!

斯帕拉捷兴奋不已。但对于蝙蝠的耳朵是怎么接收信息的这一问题，在他有生之年却始终没有找到答案。

在斯帕拉捷研究发现的基础上，人们进一步观测发现：蝙蝠的喉头会发出一种高频率声波，这种声波超出了人的听力范围，所以人是听不到的，人们称之为“超声波”。超声波沿着直线传播，一旦碰上障碍物就会迅速反射回来。蝙蝠的听觉非常灵敏，它能够准确地接收到反射回来的声波，判断出反射声波物体的距离、方向和性质。所以，蝙蝠既能准确地扑向猎物，又能避开各种障碍物，轻松自如地在夜空中飞行。

研究蝙蝠这种搜索、探测和定位远方目标的本领，给人类带来了很大的启示。人类只要找到一种具有速度快、能反射特点的物质，然后制造出能发射和接收这种物质的设备，就可以实现超视觉距离看和超听觉距离听的梦想。

在不断的探索中，人们发现光波、声波都具有这种属性。经过一番努力，终于研制出一种靠发射和接收无线电波来完成搜索和探测任务的设备，它的英文名字叫RADAR，译成中文就是雷达。

此后，研究者们对雷达不断改进，它的功能也日趋完善。现在，模仿蝙蝠按照目标情况随时调整脉冲参数和方向的探测方法，已在雷达系统中采用，从而提高了雷达的灵敏度和抗干扰能力。

如今，科学家们正在对蝙蝠抗干扰能力特别强的特殊功能进行深入研究，一旦从中得到新的启示，就能设计、制造出新颖的蝙蝠式抗干扰超精密的全敏雷达，而人类也就会在超声波技术的研究应用中取得全新的进展。

思考，总是伴发明者同行。创造者沉醉于思考中，就常会闹出笑话。

㊎创新提示★★★★★

发明家的笑话

一次，牛顿邀请一位好久没有见面的朋友吃饭，热情地端出一只烧鸡来。他忽然想起应该请老朋友喝两盅，便转身去找酒。谁知牛顿这一去，客人就再也没见到他回来，老朋友只好自我犒劳，吃完鸡走了。过了好久，牛顿转回来，看到杯盘狼藉，自语到："唉，我还以为我没有吃饭呢，其实已经吃过了。"原来牛顿去取酒的当儿，忽然想起一种新的实验方法，就一头钻进实验室忙去了。

更有趣的是，牛顿在谈恋爱的时候，一天含情脉脉地拉着恋人的手散步，可是，他的思考却不由自主地开了小差，又想起他正在研究着的疑难问题。像做梦似的，他抓住姑娘的手，下意识地把她的手指当做通烟斗的通条，直往他的烟斗里塞，痛得那位姑娘大叫。尽管姑娘这次宽恕了牛顿，但是却不能理解他，爱情之花枯萎了。

牛顿，这位给人类带来了无穷福祉的科学巨匠，因全身心投入科学事业，而牺牲了个人幸福，终身未娶。

这两个故事，还不足以说明从事创造工作的沉重。因为失恋和慢待老朋友只是生活的小插曲而已。当年诺贝尔研制炸药的时候，曾经发生了一次可怕的爆炸。不少人劝诺贝尔停下来，但诺贝尔不愿退缩，爆炸的硝烟还未散去，诺贝尔就招呼人清理现场，准备筹建新的工厂了。

我还读过一位发明家流浪异乡搞发明的故事。发明家产生了个创意后，开始为筹资奔波，还好，亲戚朋友伸出了援手，发明工作起步了。但是，人们耐心地等了一年、两年……到了第三年，人们就上门讨债了。此时的发明家已身无分文，为了生活只好去卖血。后来，周围的人都说他患了妄想症，有人甚至主张把他送到精神病院去。他的妻子、兄弟觉得他的神经可能真有了问题，开始商议送他求医的事……他只好离家出走，一边乞讨，一边继续他的发明……5年后，他带着发明成果回乡，才知家人已向公安部门报了案，派出所以失踪为由已经注销了他的户口。

发明家走上红地毯，喝杯甜酒，那是在成功的时候；发明家还要战寂寞，斗嘲讽……黎明前的夜是非常漫长的。一位发明家语重心常地说："真正的发明家的脑袋应该是生铁做的。"信然!

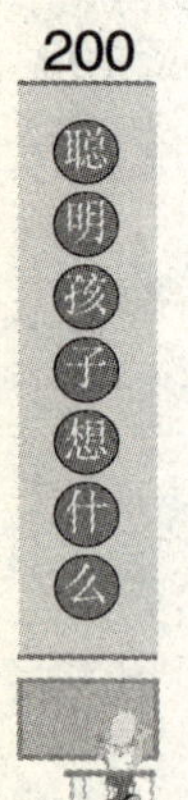

一是爱动手，二是十二分的痴迷，三是不达目的不罢休。这三条是发明家成功的全部秘密。

创新提示★★★★★

看门人的发明

列文虎克于1632年出生于荷兰德尔夫特，很小就失去了父亲。他性格内向，看上去有点呆里呆气。学习成绩很一般，并没有表现出什么超人的天赋。

列文虎克觉得母亲起早摸黑地忙着干活，自己又不是一块读书的料，便中途辍学。经别人介绍，列文虎克来到一家眼镜店学手艺。店里形形色色的镜片引起了列文虎克浓厚的兴趣，他觉得晶莹的镜片有一种神奇的魔力。他想："我如果磨制一块很好的镜片，一定可以看到许多别人看不见的东西。"

于是，列文虎克勤勤恳恳地跟师傅学习磨制镜片的手艺。可不久，他被店老板辞退了。原因是他粗杂活干得太少了，而老板的意思是要他成为粗使杂役。后来他在市政府当了看门人，依然对镜片非常着迷。一次，他听人说："阿姆斯特丹眼镜店不但磨制眼镜片，而且也磨制放大镜。放大镜可以将东西放得很大，将肉眼看不清楚的东西看得清清楚楚。"

列文虎克听了这一番话，被放大镜的魅力深深吸引住了。他连忙向亲戚朋友借了一笔钱，直奔阿姆斯特丹。

在阿姆斯特丹，他看到了放大镜。可放大镜的放大性能并没有像别人说的那么好。列文虎克有点失望。他买下一块放大镜片，自已磨制镜片。

对列文虎克来说，磨制镜片并不是一件难事，因为他曾经学过这手艺，只要有时间，慢慢地磨就一定可以磨出很好的镜片。好在看门是一件闲职，除了收发文件、盯住生人外，并没有什么事情。他在不耽误本职工作的同时，抓紧一切可利用的时间，不停地磨。

1665年，列文虎克终于研磨成了一块直径只有3毫米的小凸透镜。他在铁匠师傅的帮助下，动手制成了一个金属支架。他把这块透镜镶在这个支架的木板上。这样，用凸透镜看东西就方便了。

不久，他听一位研制镜片的师傅说，如果把两块镜片叠在一起，放大倍数会提高许多，列文虎克一试，果然如此。他就在原来凸透镜装置上，加了一块透镜，并将两镜片用圆筒套起来。在支架中间设计了一个旋纽，以调节两个镜片间的距离。为了解决光线问题，他在透镜的下方装上一块铜板，上面钻了一个孔，使光反射到被观察的东西上。这样，一种新式的显微镜诞生了。

后来经过无数次改进，列文虎克发明的显微镜能把东西放大300倍。他之所以取得成功，主要原因有三条：一是爱动手，学徒生涯锤炼了他一双巧手；二是对磨制镜片有着十二分的痴迷；三是不达目的不罢休。其实，这三条也是发明家成功的全部秘密。

文明越发展，科技越发达，世界越变得简单而明了。

㊋㊌㊍㊎★★★★★

一定要电灯开关吗

美国的普罗克特—甘布尔公司专门安排一组雇员设法排除现存项目和计划项目的不必要的部件、设备和花费。在他们看来，没有什么是神圣不可侵犯的，没有什么是不可排除的。例如，有电灯就应有开关，然而排除小组却主张取消开关。

他们的思路是：如果让电灯一直亮着，一年的电费约需支出300美元。如果安装开关，随手关灯，从节电角度看，一年可以省下150美元，但开关本身得花去7200美元。就是说，约50年节省下的电费才能抵得上开关的成本。

于是，取消开关的建议得到了采纳。

生物进化有这样一条原则：适者生存。动物身上的器官遗传下来的，都有一定的作用。没作用的器官在漫长的进化过程中，全部自动“排除”掉了。

排除法的思维主要集中在以下三个问题上：(1) 它可以完全排除掉吗？ (2) 它可以部分排除掉吗？ (3) 能找出一个花钱较少的替代方案吗？

排除思维法在发明创造领域有着极为广泛的应用。一些发明都曾被发明家或使用者用排除这个筛子筛过。

最早的自行车曾有车灯这个附件，但许多使用者发现，晚间骑自行车的时候不是太多，再说车灯亮度不够，越是碰上泥泞难行之路用灯的时候，由于车速慢了下来，车灯亮度更弱，越派不上用场。于是现在生产的自行车几乎见不到车灯这个东西了。像汉字的由繁到简，以及一些迎宾、葬仪的改革，都有排除思维法的影子。

文明越发展，科技越发达，世界越变得简单而明了。文字诞生之始，人们费尽九牛二虎之力，才能刻在甲骨上，而现在轻松地击打几下电脑的健盘，文字就可以跃上荧屏，这也是排除法的功劳。

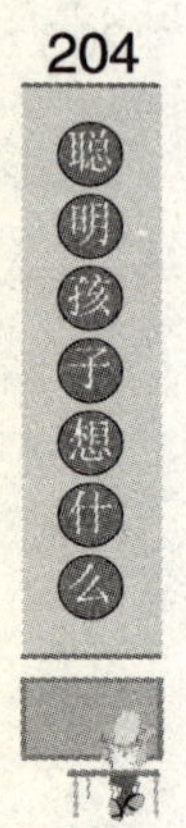

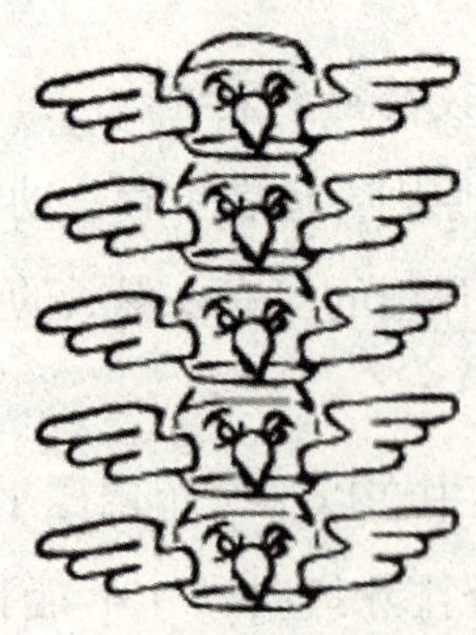

组合发明看似像“1+1”那样简单，其实它的真正奥秘在于观念创新的思维突破。

Ⓒ创新提示★★★★★

世界因组合而精彩

毕加索有一辆破旧的自行车，放在墙角已经很久了。一天，毕加索突然玩兴大发，他把自行车的座垫和把手拆下来，重新拼合在一起，便构成了一个惟妙惟俏的牛头：座垫前部是牛嘴巴，后部是牛额头，车把手则是两只牛角。自行车部件经毕加索巧手重新组合后，成为一个具有独特魅力的艺术造型。

组合现象是十分普遍的，从浩瀚无垠的宇宙天体到原子内部的基本粒子；从简单的数字相加到复杂的生物结构……都是因组合而丰富多彩，让人惊叹上帝的杰作。在发明创造活动中，组合法是最为常用的一种方法。这种方法一般通过对系统内的元素进行新的排列重组而使系统发生新的变化，从而取得发明成果。

有一个外商从我国购回一种工艺草帽，再加压定型，并另添一朵葵花和一条佩带，使普通工艺草帽身价倍增，价格上扬了几十倍。组合发明就是这样简单，大有锦上添花或化腐朽为神奇的味道。

在一次体育课上，一名女生穿着裙子跳木马时，裙角被木马挂住跌倒，擦破了脸和腿。一名富有创造头脑的学生抓住这个问题思考开了。他想，女生爱穿裙子是因为裙子漂亮美观，夏天凉爽，但穿裙子上体育课确实不如穿短裤方便，如果设计一件兼具裙子和短裤的优点的衣服不就解决问题了吗?这位同学大胆的设想，在一个偶然的机会里被一名设计师听说了，设计师找上门来，一块研究设计出了“女式夏天两用裙裤”。这种裙裤投放市场后，极受女学生和广大女青年的喜爱。

在发明王国里，运用组合法获得的新成果、新产品琳琅满目，美不胜收。大家知道，音乐为许多人所喜欢，发明家用音乐“拉郎配”就发明了许多新东西。如音乐枕头，把头靠在上面，低回婉转的音乐就会催你入睡；音乐楼梯是把每块楼梯板设计成固定的声阶，整个楼梯成为一个有韵律的琴键，当孩子用不同的步幅或速度上下楼梯时，就会奏出美妙的音节；音乐牙刷是针对培养小朋友正确的刷牙习惯而设计的，当孩子们顺着牙齿方向竖刷时，牙刷会奏出悦耳的音乐，横刷则默默无声；音乐灯笼则把“恭喜发财”一类吉庆音乐输入其中，节庆之时，挂于大门两侧，上门的亲朋只要拉动灯笼下端的彩色垂饰，祥乐飞扬，主人就会开门迎客。

组合发明像个万花筒，变化万千，阔无际涯。组合发明看似像“1+1”那样简单，其实它的真正奥秘在于观念创新的思维突破。学会从多角度看问题，走出思维定势的误区，尝试着思考多种非常规的可能性等等思维训练是学习掌握这种方法的秘诀所在。

创新思维从来都是与肯思考、爱钻研的品质分不开，当一个稀奇古怪的念头从你的脑袋中冒出来时，你所要做的是：不要赶走它，而是要张开双臂迎接它。

创新提示★★★★★

从天而降的卢诺尔曼

降落伞相信大家都见过，它像一把巨伞，带着人和物体安全地从空中降落到地面。也因为它具有这样一种功能，在军事、民用和体育等多方面它都发挥着重要作用。尤其是当飞机在飞行途中发生意外事故时，降落伞便成了人们惟一的逃生工具。

我们不妨来回顾一下降落伞漫长的诞生过程。

在文艺复兴时期，著名画家达·芬奇设计了一种用布制成的四方尖顶天盖，人可以吊在下面从空中下降。这可以说是降落伞的雏形。这幅设计图现在保存在达·芬奇博物馆里。

此后的几百年里，不少人为设计降落伞做了多方面的尝试。很可惜，由于一些技术上的原因，他们的尝试最后都以失败告终。

也许你要问，降落伞的发明人到底是谁呢？这个人就是法国的卢诺尔曼。

卢诺尔曼是一个非常聪明的人，他从小就富于幻想，脑海中经常会冒出一些稀奇古怪的念头。有些想法人们听了会觉得简直不可思议，有人说他这是异想天开。

说起卢诺尔曼想要发明降落伞，也是件很偶然的事。而他最终能完成这项发明，则与他肯思考、爱钻研的品质是分不开的。

卢诺尔曼的家乡有座高塔，有一天，卢诺尔曼和小伙伴们爬到高塔上去玩。傍晚，当大家玩累了，从高塔上下来的时候，小伙伴们一个个都忍不住抱怨起来。塔的楼梯实在是太多了，仅是走楼梯都要累得半死!

小卢诺尔曼听了小伙伴的抱怨，产生了这样的一个念头：如果我们像小鸟一样有翅膀，就可以安全地从空中慢慢地飞到地上，也就不用走楼梯那么麻烦和累人了！卢诺尔曼把他的想法告诉小伙伴们。小伙伴们听后都大笑起来，说他在做白日梦，因为人是不能长出翅膀的。

小伙伴们的取笑并没有使卢诺尔曼放弃他的梦想。相反的，随着年龄的增长，他要实现这个梦想的念头越来越强烈。每次经过那座高塔，他都要出神地望一会儿才肯离开。

卢诺尔曼慢慢地长大了，他开始搜集有关的材料，着手构想如何去实现这个童年的夙愿。

有一次，卢诺尔曼在一篇小说中看到文中的主人公从高层城堡越狱时，把两条被单的角系在一起，然后两手抓住被单的两端，利用风力的托举，缓缓落地。这时，1638年意大利囚犯拉文借用伞降落的支撑力，跳下高高的围城成功越狱的故事也在他头脑中闪现。他深受启发，决定从这方面入手研究。

时间一天天地流逝。经过反复的考察、测量和画图，1783年，卢诺尔曼终于设计出世界上第一顶真正意义上的降落伞。

为了圆自己童年时的梦，卢诺尔曼决定在家乡的那座高塔进行试降。那座高塔对他而言有着非比寻常的意义，可以说那是他梦想的发源地。

消息传出后，人们议论纷纷，褒贬不一。有的人说他勇于挑战，精神可嘉；有的人说他不自量力，注定以失败收场；更多的人则是替他的安全担心，那座塔实在是太高了，从那么高的地方直接跳下来必死无疑。亲朋好友都劝卢诺尔曼放弃试降，不要拿自己宝贵的生命开玩笑。其实，卢诺尔曼自己也知道这次试降的危险性，但童年的愿望却像磁铁一样吸引着他，他一定要实现它。所以，无论如何，他都要将试降进行到底。

当时，现场异常热闹，闻讯赶来的人们将高塔围得水泄不通。在人们或怀疑，或担心，或看热闹的目光下，卢诺尔曼平静地来到了塔顶。出于安全的考虑，卢诺尔曼决定先用石头试验一下。他找来一块跟他的体重差不多的石头绑在降落伞上，然后把石头往下扔去。石头没有像平时那样急速下落，而是带着像一朵盛开的鲜花般的降落伞，悠悠地在空中飘荡，最后徐徐地降落到地面。塔下传来人们的一阵欢呼。

紧接着，整装待发的卢诺尔曼走到了塔顶边。只见他双手紧紧地抓住降落伞的底绳，做了一次深呼吸之后便轻轻地纵身一跃，向塔外跳去。

人们都屏住了呼吸，紧张地睁大眼睛盯着卢诺尔曼下降的身影，害怕自己稍一眨眼，一幕惨剧就会出现。有些人害怕得闭上眼睛，准备听那凄惨的叫声。可是，人们担心的一切并没有出现。卢诺尔曼像一只小鸟在空中轻快地飞翔，最后安全地降落到地面上，什么意外都没有发生。

卢诺尔曼成功了！人们为他齐声喝彩。

兴趣是最好的老师，是激发创新思维的最有效因子，带着兴趣尝试创新，往往会别开生面，比他人更快更早发现难题的答案。

创新提示★★★★★

耕云播雨的谢弗尔

面对自然灾害，呼风唤雨一直是人类十分向往的一种本领，然而，在科技落后的年代，面对神圣的大自然，人类始终无能为力。他们只能把这一良好愿望寄托在神通广大、无所不能的“神仙”身上，借助想像来表达征服和改造自然的意志和决心。

人，无所不能。随着现代科技的迅猛发展，许多古老神话中的情节正逐渐出现在现实生活中。呼风唤雨也不再只是人们的幻想，把这一神话变为现实的，是美国科学家文森特·谢弗尔。

人工造雨的研究始于19世纪末期，然而都以失败告终。年轻的谢弗尔却在一个很偶然的机会里完成了这一伟大创举，使人类在抵御自然灾害的道路上又迈出了一大步。

那是在20世纪40年代，当时，第二次世界大战激战正酣，飞机已被大量运用于战争。但是，飞机在飞行中却常常遇到一个问题——当飞机进入高空时，一碰上冷空气，机翼往往会结冰，大大影响了飞行质量。为此，当时飞机制造厂通用公司特意聘请了著名科学家欧文·兰米尔博士研究解决这个问题。谢弗尔作为助手，和他的老师兰米尔一起来到大雪纷飞的山区做实验。山里的气候冷极了，然而，谢弗尔他们惊奇地发现，周围云层的温度虽然经常低于冰点，但云中的水分却不结冰，也未形成雨或雪。这个现象引起了谢弗尔浓厚的兴趣。

当时，人们对形成雨雪的根本原因并不清楚。有一天，谢弗尔对兰米尔说:"先生，如果我们弄清楚雨雪形成的原因和条件，那不就可以进行人工降雨了吗?"

谢弗尔的话让兰米尔很感兴趣，他十分赞成他的这种想法，并向他介绍了当时关于这方面的研究情况。最后，他热情地鼓励谢弗尔将这项研究进行下去。谢弗尔深受鼓舞，他决心把雨雪形成的原因弄清楚。

此后，他开始用一部能够制造类似云中冷湿气体的机器进行试验，但很久都没有效果。

在一个烈阳如火的夏日里，谢弗尔冒着酷暑继续在制冷器中做实验。午饭时间到了，他和平时一样，敞着冷冻机的盖子就离开了。午饭过后，谢弗尔又回到制冷器前。他看了看冷冻箱的温度，"咦，温度怎么上升了?"他略一沉思，恍然大悟：原来，冷冻机盖子没有盖上，受周围热空气的影响，冷冻箱的温度也上升了。

为了继续进行实验，必须迅速降低温度。于是，他向制冷器内投入了一些干冰。在投入干冰的同时，谢弗尔正好向制冷器内哈了一口气。就在这时，奇异的现象出现了：制冷器内，在他哈出的气体中，他看见一些细小的碎片在闪烁发亮。谢弗尔立刻明白了：这正是他望眼欲穿的冰的晶体！他感到格外兴奋，不停地向制冷器内哈气，并且投入大量的干冰。过了一会儿，谢弗尔竟看见冰的晶体变成了小雪花飘了起来！

谢弗尔立刻找到了兰米尔，激动地告诉他:"雪花！ 人造雪花！我制成人造雪花了!"

兰米尔听到这个消息，也非常高兴:"祝贺你！看来你离成功已经不远了。既然在实验室可以制雪花，那我们不妨到空中试试。"

这是1946年11月的一天。这天是个阴天，天气很冷，天上飘着淡淡的云彩，但没有雪花。谢弗尔和兰米尔决定开始试验他们的人工降雨法。两人很激动，也很紧张。在兰米尔充满期待的目光注视下，谢弗尔登上了一架普通的农用飞机。

飞机载着谢弗尔和他们的希望飞上了天空，并在云层上方撒下大量的干冰。留在地面观察的兰米尔，抬头密切地注视着天空。忽然，他看见无数的雪花飘飘洒洒地从天而降。这些雪花落在他的脸上化成了水滴，慢慢流进他脖子里。可兰米尔全然没有在意，他高兴地冲着还在高空的飞机大声叫喊："谢弗尔，我们成功了！"

每个能够让你感到吃惊的事件背后，都有未知的东西在隐藏，要想知道这些不为人知的奥秘，需要你在“吃惊”之后多问几个为什么。

㊀创㊀新㊀提㊀示★★★★★

虚惊之后

微波炉是美国一位名叫斯宾塞的雷达工程师发明的。用发明者的话说，这个发明纯属意外。更有趣的是，微波炉是在发明者虚惊一场后发明的。

1945年的一天，斯宾塞在实验室里做实验。忽然，他的助手吃惊地瞪大双眼，看着他的胸口说：“啊，你受伤了!”斯宾塞低头一看，发现胸口上一片殷红，可他自己一点也没有感觉到痛，这是怎么回事呢?他一摸口袋，哦，原来是口袋中的巧克力溶化了。

一场虚惊后，大家继续忙各自的事去了，斯宾塞却动起了脑筋。他想，装在口袋里的巧克力为什么会溶化呢?开始，他还以为是天气太热，自己的体温太高造成的，后来经过检查才发现是雷达装置上的磁控管在起作用。

第二天，他又拿来一袋玉米粒和一个鸡蛋。他先把玉米粒放在波导喇叭口前，结果玉米粒与放在火堆前一样，很快就变成了爆玉米花。接着，他又将鸡蛋放在喇叭口前，结果鸡蛋受热突然爆炸，溅了他一身。他觉得不可思议，却由此断定：磁控管产生的微波能使物体发热! 他从中得到启发，决定发明一种能够利用微波来加热食品的家用电器。

经过努力，斯宾塞最后如愿地制成了世界上的第一台微波炉。他把要烹调的食品切好放进炉里，然后接上电源给它加热。由于开始时没有控制好温度，煮出来的东西不是没煮熟就是煮焦了。这是怎么回事呢?斯宾塞想了很久，还是想不明白，于是就把那台微波炉拆开来研究。

经过多次反复实验与研究，斯宾塞发现，控制微波炉温度的主要是磁控管。于是他试着通过改变磁控管的功率来改变温度。他终于取得了成功! 霎时，食品的香味飘满了整个房间。斯宾塞试了一口食物，觉得跟人们平常煮的差不多，甚至还更美味可口一点。

斯宾塞所在的公司知道他的发明后，很感兴趣，决定跟他一起进行微波炉的研制工作。1947年，世界上第一批家用微波炉推出了，但是由于这种微波炉成本太高，寿命太短，加上体积过于庞大，占用厨房空间，这些缺陷影响了微波炉的推广。1965年，乔治·福斯特对微波炉进行了大胆的改造，与斯宾塞一起设计了一种耐用、价格低廉而且体积小巧的微波炉，获得了巨大的成功。

用微波炉烹饪食物具有很多优点，如营养损失小、烹调时间短、杀菌消毒、节能省电等等。最重要的是，微波炉只对食品加热，炉的机体和装食物的容器本身不会发热，又几乎不冒烟，可以保持厨房洁净无烟，受到无数家庭主妇的喜爱。现在，微波炉已经逐渐走入千家万户，成为一种大众化的家用电器，给人们的生活带来莫大的便利。

做个生活的有心人吧！细心地观察和思考你所遇到的人与事，你会发现，巧妙的创意接踵而至，新鲜的想法层出不穷。

创新提示★★★★★

处处留心皆创意

说起邮票的诞生，我们得从一起拒付邮资的美丽故事开始：

那是1838年，一辆邮政马车停在英国的一个小村庄。车上跳下一位邮差，他手里拿着一封信，嘴里不停地喊道："爱丽斯·布朗，有您的信!"

一位漂亮的姑娘应声推开门，接过信，看了看，便把信退还给邮差："对不起，请把信退回去吧!"

"这是你的信吗?"

"是的。"

"哪有这样的道理?! 信给你送来了你却不要!"邮差很不满。

"真的很抱歉，我付不起邮资。"姑娘有点无可奈何地说。

邮差有点气急败坏了："我已经为你跑了那么多路，而且收邮资也是政府明文规定的。你没有任何理由拒绝付邮资!"

两人的对话声引起刚好路过这里的数学家罗兰·希尔的注意。他走过来问清了事情的原委，替姑娘付了邮资。

没想到姑娘拿到信后，却对罗兰·希尔说："先生，谢谢你！不过这封信拿了也没有用，信封里并没有信。"

“你怎么知道的？”希尔奇怪了。

姑娘解释道：“我家里穷，付不起昂贵的邮资。我和在军队服役的未婚夫已事先约定：只要他在寄来的信封上画个圆圈，我就知道他现在身体安康，一切如意。这样，我就不用取信了。”

罗兰·希尔听了姑娘的回答，既对她贫困的家境深表同情，同时也觉得这种邮资的交付方式存在很大的漏洞。他决意拟定一个科学的邮政收费办法。

经过反复思考，希尔提出一种方案：由寄信人购买一种“凭证”，然后将“凭证”贴在信封上，表示邮资已付。而且无论路途远近，都只收一个便士。1839年，英国财政部采纳了希尔的建议，编制了下一年度邮政预算，并经维多利亚女王批准公布。这个“凭证”就是邮票。

1840年5月6日，英国邮政管理局发行了世界上第一枚邮票，邮票上印着英国维多利亚女王侧面浮雕像。它选用带水印的纸张印刷，涂有背胶，并标有“邮政”字样。一便士一张的票面是黑色的，二便士一张的票面是蓝色的，人们通称它们为“黑便士邮票”。

第一枚邮票发行后，由于使用方便，深受人们的喜爱。不到一年的时间，竟重印了11版，售出了近7000万枚。

可是，当时的邮票是没有齿孔的，邮局工作人员得随身携带着剪刀，随时准备把印成一大张的邮票剪开，然后出售给用户。因此这种无齿孔邮票使用起来还存在一些问题，而且剪刀裁剪还存在不整齐的缺点。

直到十九世纪中期，英国发明家亨利·阿察尔发明了邮票齿孔打孔机，才解决了这一问题。这里面也有一个有趣的故事：

那是1848年，阿察尔在伦敦一家小酒馆喝酒，放松一下紧张了一天的神经。有一位外地人在他身边饮酒，喝完之后写了一封信，写完后他将信装入信封内，然后从手提包里取出已准备好的一大版邮票，想裁下一张贴上。可他没带剪刀，只好向老板借，碰巧老板也没有剪刀。这真让人为难。那位外地人沉默了一会儿，从衣襟上取下别在西装领带上的一根别针，在邮票之间的连接处扎了一排小孔，沿孔轻轻一撕，邮票被完整地撕了下来。

这位外地人的方法触动了阿察尔，他想：如果能制造一台打孔机，在邮票的连接处打上齿孔，不就可以省去剪刀，方便很多了吗？经过阿察尔的多次试验后，一台装有两个滚轮切刀的打孔机研制成功。它能打出由短切口组成的横向和纵向的齿孔。

1854年，英国正式发行了有齿邮票。有了齿孔的邮票使用起来便捷很多，很快便在英国流行起来。此后，瑞典、挪威、美国、加拿大等国也相继开始发行。不久，有齿邮票迅速风靡全球，并一直延用到今天。

词语串联游戏并不是纯粹用来娱乐，它除了可以锻炼人的想像力、创造力以外，还可以来帮助记忆。

㊓㊔㊕㊖★★★★★

用文字游戏锻炼创新思维

有人给他的三个朋友出了个难题，要朋友们各自出一个情节，把“辣椒、地雷、月亮、穿山甲”几个词，合理地串联在一起。

朋友甲说：我奉命去埋伏，困了嚼一口自带的辣椒，这时月亮升上来了，我清楚地看到几个敌人正在埋地雷。一只穿山甲突然从土里冒了出来，把我吓了一跳。

朋友乙说：外星人忽然造访地球，让人不可思议的是，他偷了一个辣椒、二颗地雷、三只穿山甲，然后向着月亮飞去了。

朋友丙说：一支担任奇袭任务的小分队，拟定的两条口令是：辣椒、地雷、月亮、穿山甲。

任何概念、词语都可以组合在一起。你依此也拟上几条和上面的比试比试。这类文字游戏可以自拟，随时进行，同时也可提出一些限制条件，如限五分钟内答出，最多不超过一百个字等。这个功夫练硬了，完全可以去“走穴”表演。

这种词语串联游戏并不是纯粹用来娱乐，它除了可以锻炼人的想像力、创造力以外，还可以来帮助记忆。

比如下面这样一些互不相关的名词：

茶杯、罐头、墨水瓶、奖状

金鱼、桌子、房屋、铅笔

烟囱、飞机、大衣、口袋

烟灰缸、炮弹、猫、皮鞋

书包、椅子、机器人、大河

要想把它们按照先后顺序一一记牢实在不容易，而把它们编成一个稀奇古怪的“故事”来记，就简单多了：

一个人坐在茶杯里，怀里抱着一个罐头，一看原来是墨水瓶。不小心把它打翻了，弄脏了奖状。他想把奖状上的墨水甩掉，却甩出一条金鱼来，金鱼钻到桌子下，这张桌子变成一了座房屋，房顶上是一个铅笔形状的烟囱，里面冒出的烟冉冉上升，变成了一架飞机。飞机坠毁了，掉在一个人的口袋里，那人一摸，却是个烟灰缸。他把烟灰缸扔出去，竟是一发炮弹，打中了一只猫，猫跳到皮鞋里，被那个人当做书包挂在椅子上。椅子上坐着机器人，它一看自己被弄脏了，便跳到大河里去洗个干净。

上述词语经过这样奇特的串联以后，变得妙趣横生，通过复述这段妙不可言的故事，就会牢牢地把相关词语刻在脑海里。

我们再来看另外一些有趣的例子。

当大风吹起来的时候→

砂石就会满天飞舞→

以至瞎子增加→

琵琶师父会增多→

愈来愈多的人用猫毛当做琵琶弦→

因而猫会减少→

结果老鼠相对地增加→

老鼠会咬破木桶→

所以做木桶的人会赚钱。

上面是一则笑话，但是你不能否认，它的每一步都很合理，都是通过一步步的逻辑思维而得出的。这个笑话同时也演绎了一种联想思考法。寻找一些题目，常做这类联想训练，会迅速提升自己的创新思考能力。

这儿有一道联想训练题：树——皮球。

这道题没有标准答案，每个人都有自己独特的联想方式。如：树——果实——形状——圆形——皮球。

再如：树——大风——运动——皮球。

当然你也可以把联想变得丰满一些、生动一些。如：树——结满了果子——果子成为奖品——冠军得到了奖品——打球更精彩了——玩的是皮球。

再如联想：外星人——老鼠的干儿子

外星人来到了地球——地球上静悄悄的——一伙老鼠正忙呢——鼠王正在给干儿子娶媳妇。

玩好上面的联想游戏，必须把握好下面的两点：其一必须超越常规，其二是要懂得运用目的意识，就是知道从哪儿出发，要到哪儿去，并善于找到一条捷径。

也许有人说，做这种联想练习有什么用?这儿有一个例子。

美国一家大企业GE公司为了解决他们的烤面包机滞销的问题，发动员工献计献策。结果公司收到了很多建议，其中一条建议说是“在烤面包机侧面装一个捕鼠器。”

公司设计人员对这一建议感到莫名其妙，便把建议人找来问个究竟。原来他家的烤面包机旁边经常积存许多的面包屑，夜里就引来贪吃的老鼠，于是他想到了装捕鼠器的主意。

显然这位职员的联想过程是：烤面包机——面包屑——老鼠——捕鼠器。设计人员由此诱发了设计一种不掉面包屑的烤面包机的想法，后来很快把设想投入到研制、生产环节，推出新一代产品，大受消费者欢迎。

假若你每天盯住一种东西，尝试着进行用途拓展，用不了多久，你就可以获得发明的灵感。

㊀创新提示★★★★★

用途拓展与创新思维

一支普通的钢笔，一般来说它的用途也就是写些字或者划些画而已。若运用发散思维的方法，寻找钢笔的其他用途，我们可以说出它几十个或几百个用途来，比如钢笔可以当做指挥棒，可以用来防身，或者作为纪念品、收藏品等，小朋友用钢笔可以做多种游戏，工人师傅可以用钢笔作辅助工具或某种替代品……总之，任何物品除了它的常规用途以外，还可以衍生出其他用途。鉴于物品用途可以广泛拓展的特性，发明家们总结出了一种新的发明方法——用途拓展法。

所谓用途拓展就是倡导对物品进行“刮目相看”，挖掘事物蕴藏的功用或性能。

对小苏打的多用途开发就是非常典型的一例。

提起小苏打，熟悉它的人们都知道这是烘烤制作饼干、糕点、面包卷等食品中的发酵剂。市场对小苏打这种功能的需求，是从社会上对碳水化合物的消费需求中衍生出来的。但是，随着工业的发展，美国市场对以蛋白质为基础的热量消耗越来越多，而对碳水化合物的消费则越来越少。因而，市场对小苏打发酵功能的需求也就不断萎缩。

生产小苏打的阿尔姆-哈默公司为摆脱困境，不得不对小苏打“刮目相看”。

首先，他们对小苏打的功能进行研究分析，发现昔日只用作饼干、糕点发酵的东西还具有多种性能：可以除臭；具有柔和的腐蚀作用，可以作清洗剂；它对人的皮肤和肠胃系统均无害。

在发现小苏打非发酵功能的基础上，一系列的新产品概念被发明创造出来，这些创意也很快地被商品化，成为市场上的畅销商品。

根据小苏打的除臭味功能，创造者首先推出“电冰箱除臭盒”，将这种除臭盒放入电冰箱内，便能除去鱼肉等食品散发出来的异味，有效地保留了食品的鲜味。由于使用电冰箱的人十分普遍，电冰箱除臭盒也攀龙附凤地畅销起来。此外，他们还开发出供地毯、盥洗室、下水道、水族缸、猫舍、组合橱柜、踏脚垫除臭的专用产品。

还有人将小苏打的功能扩展到抛光冲洗、漂白、保持游泳池中合理的PH值、加速化粪池中的化粪反应等。

一物多用，发明捷径。对物品的用途进行拓展研究，一靠观察，二靠实验，三靠创造性思维。

假若你每天盯住一种东西，尝试着进行用途拓展，用不了多久，你就可以获得发明的灵感。

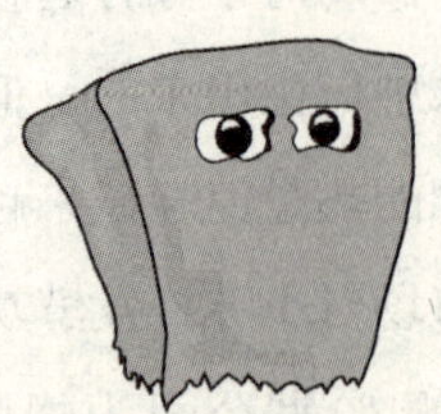

用一句形象的话来说，充填想像有点“一叶落而知天下秋”的味道。

创新提示★★★★★

充填想像法

“三顾茅庐”的故事在我国可谓家喻户晓，人人皆知。倘若追寻它的史料源头，不过在陈寿所著《三国志》中有十字的记述：“先生遂诣亮，凡三往，乃见。”

一句话，十个字，干干巴巴的材料在罗贯中的笔下，却成了让人赞不绝口、百读不厌的万言文章。

单就景色来讲，“一顾”的隆中景色是“山不高而秀雅，水不深而澄清；地不广而平坦，林不大而茂盛；猿鹤相亲，松篁交翠。”

“二顾”：“时值隆冬，天气严寒，彤云密布。行无数里，忽然朔风凛凛，瑞霈霏霏；山如玉簇，林似银妆。”

“三顾”：“春色融融，映日迟迟，一片宁静，只见诸葛均飘然而去，真卧龙高枕草堂……”

舞动一支生花妙笔的是罗贯中超凡绝伦的想像力，具体来说，就是充填想像法帮了罗贯中的大忙。

充填想像法指仅仅认识或者掌握了某些事物的局部或片断，在自己的头脑对该事物全部或其他环节加以充实、填补，而构成一个完整的事物形像的发展过程。用一句形象的话来说，充填想像有点“一叶落而知天下秋”的味道。

充填式想像常常受到文学家的青睐。法国著名作家大仲马在警察局档案中看到一份资料说，一个鞋匠被诬告入狱。在狱中他忠心耿耿地服侍一个因政治问题而被捕的意大利主教。主教临死前向鞋匠讲了一个埋藏珍宝的地方。七年后，鞋匠重返巴黎，终于将诬告他的仇人杀死。

大仲马像抓住天际流星的一道弧光一样，进行充填式想像，写下了传世名著《基督山恩仇记》。

我国古代文学家吴承恩创作《西游记》，根据的是唐代高僧玄奘西天取经的故事经过充填式想像而成。《水浒》也是从宋江聚众起义的传说，由施耐庵扩展、充实、编织而成。

充填式想像在科学领域也有广泛的应用。“大胆想像，小心求证”，是科学家常见的思维摸式，他们在探索未知领域的时候，常常是“摸着了半道门坎，就想像出宫殿的模样；看见了一颗星星，就胸汇万里银河” (爱因斯坦语)。19世纪20年代初，物理学家们通过充填想像，建立了多种原子结构模型。天文学家发现新星体及黑洞的存在也是充填式想像助了一臂之力。

充填式想像法如此重要，我们如何学习和掌握它呢?常见的途径有这么几条。

一是猜想法。就是在观赏或阅读影视、书籍文学作品的时候，不等某些特定事件或情节展开，就掩卷而思，进行故事新编或者大胆猜想。

二是“海市蜃楼”法。此法是一种想像游戏，完全可以和家人朋友一起进行。

假定前面有座“桥”，让家人谈谈自己“看到了什么”。车走人过，风飘树摇，鸟鸣蝉唱，尽可肆意涂抹。画面构划出来，便可进一步“工笔细描”。对时装颇有研究的，可以把“过桥人”当做一个模特，从款式、色彩、风格、身段诸方面，研究研究。孩子则可以“看到”桥头上卖糖葫芦、麻花的小贩，惟妙惟肖地学一番叫卖。机警的人则可以发现“过桥人”谁是骗子，谁是扒手，谁是教授……

画“海市蜃楼”，给您和家人朋友提供了一个“空中大舞台”，尽可让您当一回“导演”，扮一回“明星”，使出吹、拉、弹、唱的招数出尽风头，犹如举办了一个“文艺汇演”。

三是智力竞赛法。通过参与紧张、有趣的智力竞赛活动，让想像力尽情驰骋。

图书在版编目(CIP)数据

聪明孩子想什么:解开创新思维的奥秘/邵泽水编著.—北京:学苑出版社,2002

ISBN 7-5077-2009-8

Ⅰ.聪… Ⅱ.①邵… Ⅲ.①创造性思维—能力培养 ②家庭教育:儿童教育—基本知识 Ⅳ.G78

中国版本图书馆 CIP 数据核字(2001)第 056933 号

聪明孩子想什么:解开创新思维的奥秘

责任编辑: 刘 涟
出版发行: 学苑出版社
社　　址: 北京市丰台区南方庄 2 号院 1 号楼
邮政编码: 100078
网　　址: www.book001.com
电子信箱: xueyuan@public.bta.net.cn
销售电话: 010-67675512、67602949、67678944
经　　销: 新华书店
印 刷 厂: 北京才智印刷厂
开本尺寸: 700×960 1/16
印　　张: 14.875
字　　数: 200 千字
版　　次: 2005 年 5 月北京第 3 版
印　　次: 2005 年 5 月北京第 1 次印刷
定　　价: 18.00 元